北京市知识管理研究基地
国家自然科学基金青年项目（61703010）
资助出版

The Cognition, Evaluation and Simulation Forecast of

CHINA'S FINANCIAL INDUSTRY SYSTEM

—Based on Complex Financial Theory

我国金融产业系统的认知、评价与仿真预测

——基于复杂金融理论的视角

张品一 / 著

中国财经出版传媒集团

经济科学出版社
Economic Science Press

图书在版编目（CIP）数据

我国金融产业系统的认知、评价与仿真预测：基于复杂金融理论的视角/张品一著．—北京：经济科学出版社，2021.1
ISBN 978－7－5218－2370－7

Ⅰ.①我…　Ⅱ.①张…　Ⅲ.①金融业－经济发展－研究－中国　Ⅳ.①F832

中国版本图书馆 CIP 数据核字（2021）第 027471 号

责任编辑：赵　芳
责任校对：王苗苗
责任印制：范　艳

我国金融产业系统的认知、评价与仿真预测
——基于复杂金融理论的视角
张品一　著
经济科学出版社出版、发行　新华书店经销
社址：北京市海淀区阜成路甲 28 号　邮编：100142
总编部电话：010－88191217　发行部电话：010－88191522
网址：www.esp.com.cn
电子邮箱：esp@esp.com.cn
天猫网店：经济科学出版社旗舰店
网址：http://jjkxcbs.tmall.com
北京季蜂印刷有限公司印装
880×1230　32 开　4.125 印张　120000 字
2021 年 2 月第 1 版　2021 年 2 月第 1 次印刷
ISBN 978－7－5218－2370－7　定价：26.00 元
（图书出现印装问题，本社负责调换。电话：010－88191510）

前　言

金融是经济的核心，而金融产业是金融的关键构成要素，对金融市场和国民经济的发展起着重要引导和支撑作用。金融产业如何发展是金融产业能否提高市场效率、实现金融资源优化配置、促进经济发展的关键，也是学者们关注的重点。随着金融全球化和金融市场复杂化，金融产业的非线性、开放性等复杂性特征显现，在此背景下采用科学的方法对金融产业进行评价和预测的研究尤为重要。而复杂性金融理论的出现为金融产业的研究提供了新的范式。因此，本书基于金融产业的非线性、开放性、自组织性等特征，结合我国的金融实际，采用复杂性科学的方法，根据我国金融业的发展历程和现状，对我国金融产业的复杂性特性进行认知、运营状态进行评价以及发展趋势进行仿真预测，并提出针对性的政策建议，具体研究成果如下。

(1) 我国的金融模式是在适应当时政治经济文化特征的基础上产生和发展的，也是对国外金融模式学习借鉴的结果。我国应该探寻适合我国体制的金融发展模式，结合分业和混业两者优势，美国金融控股公司和德国全能银行模式的优点，逐步实现混业经营发展；并加快金融立法进程，完善金融相关法律，提高金融监管的效率。

(2) 金融产业是一个非线性的复杂系统，具有自组织性、不确定性、多样性、进化性、开放性、涌现性等特征。并且结合非线性检验、耗散理论、混沌理论和分形理论，对以银行业为主导的金融模式进行复杂性检验。我国的银行业金融系统具有耗散结构，并且是一个具有初始值敏感性的混沌系统，也是具有长期记忆性特征和自相似性特征的分形系统。

（3）基于协同理论并结合灰色关联模型 GM（1，N），将我国的金融产业系统划分为银行业、证券业和保险业三个子系统。对其进行协同评价可知，2004～2013年我国金融产业系统中各子系统的协同运营状态不同，证券子系统最好，银行子系统次之，保险子系统最差；而金融产业系统的整体运营状态处于较低水平，协同度在零上下波动，只有在2006～2007年和2009～2010年实现协调有序运营，其余年间均未实现有序运营。要想实现金融产业高效协同发展，需要金融产业所有子系统的运营状态都有所提高。

（4）基于 ADGA－BP 神经网络模型，对新常态条件下金融产业系统的发展速度和质量进行仿真调控。对于输入层，选用 GDP 增长率、三产贡献率、RD 经费支出占 GDP 的比值三个指标作为新常态目标的代理变量；对于输出层，选用银行总资产增长率和商业银行不良贷款率衡量金融产业的发展速度和质量。对新常态目标进行敏感性调控，总体来看随着新常态目标的推进，金融业的增速将下降，但金融业的质量会提高。并且对2017～2019年金融产业系统发展进行预测，可知2017～2019年间银行总资产增长率分别为14.90%、13.78%和9.51%，而商业银行不良贷款率分别为1.57%、1.22%和0.93%。这说明新常态多目标条件下金融业发展速度将减缓，但是金融资产的质量将逐步提高。

（5）我国可以借鉴国外的金融模式，积极推进金融混业发展，推进金融控股公司模式，建立多元化的金融组织体系；并且对于我国银行业、证券业、保险业等金融机构要积极改革，优化三大行业的资源配置，构建互补性、功能齐全的金融市场体系；同时还要建立多层次资本市场，发挥多方力量共同促进直接融资发展；最后还要推广普惠金融理念，大力发展科技金融，缓解小微企业融资难的问题。

目　录

第一章

引　言

第一节　研究背景

金融是现代经济的核心，而金融产业是金融的关键构成要素，对实体经济的发展起着重要的引导和支撑作用。随着金融的全球化和金融衍生产品的复杂化，金融危机频频爆发，从 20 世纪 90 年代的墨西哥金融危机、1997 年的亚洲金融危机、2008 年的美国次贷危机到 2012 年的欧债危机，历次危机的诱发因素不同，但是对实体经济的影响日益严重。为了防范金融风险，提高金融市场的效率，世界各国都在对金融市场进行改革，积极寻求与经济发展相适应的金融产业结构，以实现金融对社会经济发展的促进作用。

我国《“十三五”现代金融体系规划》指出：“深化金融机构改革，完善治理良好、结构合理、竞争力强、充满活力和创造力的金融机构体系；加强金融市场建设，健全多层次、多元化、互补型、功能齐全和富有弹性的金融市场体系。”并且《中国金融稳定报告（2019）》中指出：“金融系统始终坚持稳中求进的工作总基调，金融服务实体经济力度加强，金融秩序不断好转，金融改革开放取得进展，实现了防范化解重大金融风险攻坚战的良好开局，为经济持续健康发展和社会大局稳定做出了贡献。”可见，深化金融改革，构建健全的金融市场以更好地防范金融风险，仍然是现阶段政府工作的重点。

近年来，我国金融事业取得了长足的进步。根据国家统计局数据显示，金融产业增加值占 GDP 的比值从 1998 年的 5.08% 上升到 2019 年的 7.78%，金融业贡献率也从 1998 年的 3.2% 上升到 2015 年的最高点 15.2%。金融产业在国民经济中的比重逐年递增，对经济的贡献率逐年提升。不仅金融资产总额有了明显提高，而且多层次的资本市场体系逐步完善，初步形成了涵盖股票、债券、期货的市场体系，拓宽企业和居民投融资渠道，为促进实体经济做出了重要贡献。但是，由于我国经济基础薄弱、金融发展经验缺乏、地域和城乡经济发展不均衡等因素的限制，在金融改革推进过程中出现了很多问题，如金融产业比例失调、间接投融资比例过高等问题，严重地影响到了金融市场的效率和金融资源优化配置。因此，如何更好地认知金融产业的特征、如何评价金融产业的发展状况，以及如何准确揭示金融产业演化发展方向成为学者们研究的焦点。

而金融产业系统是一个开放的、多层次的、包含多个子系统的复杂经济系统，具有非线性、自组织性、时滞性等特征，金融产业系统内部各子系统之间也存在着复杂的交互行为。目前中国经济进入“新常态”，经济增长速度由高速转为中高速，经济结构优化升级，要素、投资驱动转化为创新驱动。新常态下的经济发展离不开金融支持，金融产业对经济新常态具有重要的支撑作用。在新常态背景下，要合理地揭示金融产业系统的演化发展方向首先要对金融产业系统及各子系统的相互作用进行科学的认知、评价，然后确立金融产业系统演化发展的路径和方法。

金融产业系统的复杂性、多目标性和动态性决定了建立怎样的金融产业系统以及如何建立，是当前理论界迫切需要解决的难题。首先，新常态条件下金融产业系统具有复杂性。金融产业系统是具有多层次、动态性、开放性、交互性、自适应性、涌现性等复杂特征的整体，同时，新常态下金融产业系统不仅受到内部子系统的相互作用，还受到外界“新常态”条件的影响和作用，具有复杂性和时滞性。其次，新常态条件下金融产业系统的发展目标具有动态性和不一致性。在新常态背景下，金融产业不仅要实现提高金融效率、优化金融资源配置的目标，还要实现新常态下经济增长、经济结构调整、创新驱动的目标，而这些目标随经济发展阶段呈现动态性，不同时期对金融产业的作用不同，各目标间存在交互复杂作用。正是由于新常态条件下金融产业系统的复杂性和动态性，所以需要一种科学的方法对金融产业系统的发展路径进行有效研究。

复杂性科学的发展为金融产业系统认知、评价和预测的研究提供了科学有效的手段。现有的研究受研究方法、研究范式和认知程度的制约，往往以金融产业系统的线性特征为基础，忽视了金融产业系统内各子系统之间以及金融产业系统和外部环境之间的非线性关系所产生的相互作用。而复杂性科学是研究复杂系统的一般属性、系统生成、演化、转化、涌现、协同与优化控制的一般规律的学科，不仅可以在揭示规律的基础上认知系统，而且还可以在认知系统的基础上通过模拟仿真技术实现对系统演化路径的优化调控。随着金融产业系统的开放性和金融环境的复杂性的不断提高，金融产业系统复杂性和动态性需求越来越突出，非线性科学、计算机仿真技术的发展恰好为解决此类问题提供了科学方法，特别是其中神经网络模型的发展，使得准确地仿真预测金融产业发展路径成为可能。

综上所述，经济发展新常态为金融产业系统发展路径的研究提出了更高的要求，而复杂性科学理论思想及方法能够对新时期金融产业系统的复杂动态问题进行全面、深入、系统的研究。因此，本书结合新常态条件下我国金融产业系统的实际情况，通过“认知—评价—预测”的思路，首先，结合复杂性科学的方法对金融产业的发展状况进行认知，揭示金融产业系统各子系统内部、子系统和系统之间、系统和外部环境之间的复杂运作机理；其次，基于协同理论对其运行状况进行评价；最后，对金融产业系统进行仿真调控，预测其发展状况。通过改进的神经网络模型对新常态多目标条件下金融产业系统进行仿真、调控和预测，揭示金融产业的发展路径。这不仅对丰富和发展金融产业理论的研究范式和方法具有重要理论意义，对优化我国金融结构、提高金融资源有效配置、防范金融风险、提高金融支持具有重要的现实意义。

第二节 研究意义

首先，本书从我国的金融实际出发，从认知金融业发展历程、评价金融产业发展现状、预测金融产业发展趋势等方面，对我国的金融产业运营状况进行深入研究，这对把握金融发展规律，推进我国金融改革，进而通过金融对经济的“核心”作用推动经济的发展将具有重要的现实意义。

金融产业系统如何发展是适应经济发展迫切需要解决的现实关键金融问题。我国自改革开放以来，金融事业取得了长足的进步，不仅金融资产总额有了明显提高，而且金融制度、金融体系、金融市场等都得到了有效的拓展和完善，所取得的成绩令世界瞩目。但是，由于我国经济基础薄弱、金融发展经验缺乏，在金融改革推进过程中出现金融资产分布不合理、中小企业融资难等问题。并且我国的金融发展模式也在不断地探索，分业经营还是混业经营、银行主导还是市场主导等一直是学者和政府争议的重点。因此，本书首先对我国的金融发展历程进行梳理，同时对发达国家的金融发展模式进行研究，对我国金融产业发展进行展望。在此基础上，对我国金融产业的现状进行评价、发展趋势进行预测。本书的研究视角立足于我国的金融实践，研究思路环环相扣，逐步深入，为我国金融产业的发展提供了重要的参考价值。

其次，本书结合我国新常态的背景，对金融产业系统发展进行预测，对提升新常态条件下金融产业运营效率具有重要现实意义，也为政府有针对性地对金融产业进行调控，优化金融产业结构，促使金融支持经济新常态具有重要指导价值。

目前中国经济进入“新常态”，经济增长速度由高速转为中高速，经济结构优化升级，要素、投资驱动转化为创新驱动。新常态下的经济发展离不开金融支持，金融产业对经济新常态具有重要的支撑作用。在新常态背景下，金融产业不仅要实现提高金融效率、优化金融资源配置的目标，还要实现新常态下经济增长、经济结构调整、创新驱动的目标。因此，本书对金融产业的发展趋势进行预测时，结合了新常态的背景，考虑了新常态的三个目标，这既能更加准确可靠地揭示我国金融产业系统发展方向，也能在一定程度上丰富本书对新常态金融发展理论的研究，对优化金融产业结构，促进金融支持经济新常态具有重要指导意义。

最后，本书结合了复杂性金融理论，通过其相关方法对金融产业系统进行评价和发展趋势预测，丰富和拓展金融产业系统的评价理论和预测方法，这对发展金融产业理论的研究范式和方法具有重要理论意义。

由于金融产业系统具有非线性、多样性、涌现性等复杂性特征，现有研究受研究方法、研究范式和认知程度的制约，以线性理论为基础，忽视了金融产业系统内各子系统之间以及金融产业系统和外部环境之间的非线性作用所产生的相互作用，难以合理揭示金融产业系统的非线性、自组织性等。而复杂性科学不仅可以在揭示规律的基础上认知系统，而且还可以在认知系统的基础上通过模拟仿真技术实现对系统演化路径的优化调控。随着金融产业系统的复杂性特征的不断提高，复杂性金融理论的兴起、发展和完善恰好为解决此类问题提供了科学方法。复杂金融理论包括若干复杂性科学的方法，根据研究需要和金融产业的特征，选择合适的研究方法，准确可靠地对金融产业进行评价和预测，这对丰富金融产业理论的研究范式和方法具有重要理论意义。

第三节　研究内容与研究框架

本书从“历史—现状—未来”三个方面对金融产业系统的运营状态进行深入研究，首先，对金融业的发展历程进行梳理，对金融业发展趋势进行展望；其次，通过多个维度对我国金融产业系统复杂性特征进行实证研究；再次，通过非线性科学的方法对金融产业系统运营状况进行评价，认清我国金融产业系统的发展现状；最后，通过神经网络模型结合新常态的背景对金融产业系统发展趋势进行预测，并根据研究结果提出我国金融产业系统优化发展的政策建议。

本书一共包括七章，逻辑结构和各章节的主要内容安排如下。

第一章：引言。首先介绍了本书为什么要选择研究金融产业系统的发展状况，引出本书的研究问题，并从现实意义和理论意义两个方面阐明研究意义。最后，对本书的结构和各章节具体内容进行简单介绍。

第二章：国内外相关研究成果回顾。主要对研究内容和研究方法进行文献梳理和总结，包括金融产业发展模型的研究、金融产业评价的研究、金融产业演化发展的研究以及复杂性科学在金融产业中的运用。并通过对相关研究现状的归纳总结，引出本书的研究内容和方法，进一步明确本书研究的意义。

第三章：我国金融产业发展的历史进程和国际经验。对我国和主要发达国家的金融发展历程进行研究，并通过对比分析和归纳演绎法，对我国金融产业发展方向进行展望。

第四章：金融产业复杂性特征的研究。运用复杂性科学中混沌理论、耗散理论、分形理论对金融产业系统的多种复杂性进行研究，进一步合理地认知我国金融产业的特征。

第五章：我国金融产业系统运营状态的协同评价研究。基于复杂性理论中的协同论，考虑金融产业系统内部各子系统之间的相互作用，对金融产业系统运营状态进行协同评价，并结合灰色动态关联模型对协同评价的结果进行验证。

第六章：新常态条件下我国金融产业系统发展趋势预测研究。采用复杂性理论中的神经网络模型，采用自适应遗传算法对神经网络进行优化，不仅考虑金融产业系统自身优化发展的目标，还结合新常态的多目标条件，对金融产业系统的发展趋势进行预测。

第七章：结论与建议。对全书的研究结论进行总结，并提出我国金融产业系统优化发展的政策建议。在研究结论的基础上指出研究的理论贡献、研究不足及实践意义，并对未来研究方向进行展望。

第二章

国内外相关研究成果回顾

第一节　金融产业的界定

国内外学者对金融产业的定义都有其各自独特的见解，相关的研究始于 20 世纪 50 年代。

部分学者从金融结构的角度来研究金融产业结构，如格利和肖（Gurley & Shaw，1960）在其著作《金融理论中的货币》中，以新古典经济学为框架对金融发展问题进行了深入细致的研究，他们利用部门“分立”的方法研究金融问题，并指出金融结构的改观和金融资产的高度化会促进资源配置效率的提高，进而推动经济发展。随后，国外学者戈德史密斯（Goldsmith，1969）在其著作《金融结构与金融发展》一书中首次明确给出了金融结构的定义，他认为金融结构为不同类型的金融工具与金融机构的存在、性质以及相对规模；而金融结构的变化形成金融发展。另外，他还创造性地提出了衡量一国金融结构和金融发展水平的指标——金融相关比率，并通过统计数据进行实证分析证明经济发展与金融发展之间存在大致平行的关系。从该学者对金融结构的论述来看，金融结构首先表现的是金融上层结构与经济基础结构的关系；其次是金融上层结构的构成，能反映主要金融工具占比和主要经济部门的金融资产占比的情况，能反映金融资产总额和各种金融工具在各个经济部门之间的分布；最后是金融机构的分布，即金融中介机构的资产占比，它反映了一国金融结构的特征。戈德史密斯（1969）的理论为后续金融产业结构的研究奠定了基础。

此后学者们沿用并发展了其观点，如我国学者王广谦（2002）认为，金融结构是指构成金融总体（或总量）的各个组成部分的规模、运作、组成与配合的状态。而白钦先（2003）认为，金融结构有狭义与广义之分，狭义的金融结构与戈德史密斯关于金融结构的界定相同；广义的金融结构则是金融相关要素的组成、相互关系及其数量与质量的比例。林毅夫等（2009）将金融结构定义为金融体系内部各种不同的金融制度安排的比例和相对构成。

金融结构体现了金融相关要素的组合与运作状态，而金融产业是金融结构的重要表现形式。这些对金融结构的研究也为金融产业的定义奠定了良好的基础。

还有部分学者从其他角度研究金融产业，如麦金农（McKinnon，1973）和肖（Shaw，1973）从金融角度研究金融受到抑制的发展中国家的经济发展状况，提出了著名的金融深化论和金融抑制论。赫尔曼、默多克和斯蒂格利茨（Hellman，Murdock & Stiglitz，1997）为代表的新凯恩斯主义经济学家从不完全信息的角度提出“金融约束论”，重新审视了金融体系中的放松管制与加强政府干预的问题，提出某种合理的金融约束政策安排可能促进而非阻碍经济的发展。我国学者秦池江（1996）认为，金融产业是由金融企业组成的以社会金融资源为利用对象，经过自己的加工以后，能够为社会提供特有功能和规模的金融产品，并通过市场交换为社会、为自身带来净收益的企业群体。曾康霖（2002）认为，金融产业是按照一定标准划分的同一属性的部门和企业，成为国民经济的一个集合体。张凤超（2003）认为，所有金融要素按照一定比例参与地域运动，通过专业部门运作，构建出完整、独特的价值运动系统，凝集成具有统一属性的产业集合，即金融产业。孙伟祖和黄宁（2007）从金融功能观出发，认为金融产业是以经济金融资源为利用对象，通过提供金融商品与服务以实现金融功能，并从中获得净收益的金融组织的集合，按职能可将金融产业细分为五类：银行业、保险业、证券业、信托业和相关的金融业，但没有明确指出相关金融业的具体含义。

可见，金融产业的理论众多，国内外学者从不同方面对其进行了大量研究，为本书对金融产业的界定和金融产业子系统的划分奠定了基础。

根据上述研究，本书也将金融产业划分为狭义和广义两种。狭义的金融产业是指生产金融产品或提供类似服务的经营单位的集合，涵盖银行业、证券业、信托业、保险业、基金业五大行业，以及其他未包括在内的金融组织，如典当、金融租赁、财务公司等。广义的金融产业是指行业集合而成的经济部门，是相互联系的各行业和衔接各行业的市场的集合，是由金融机构、金融商品、金融工具、金融制度、金融市场、金融中心等组成的开放系统。对于广义的金融产业，可从不同角度考察并进行划分。按金融市场与金融中介的重要性，可将金融产业分为市场主导型金融产业和中介主导型金融产业；按不同融资方式，可将金融产业分为以外源融资主导型和内源融资主导型产业，而外源融资又分为直接融资和间接融资两种方式；按金融市场交易的期限长短，可将金融市场分为货币市场与资本市场；按金融活动是否受到政府金融监管部门的监管，可将金融产业分为正规金融与非正规金融。

由于理论研究需要和数据的局限性，本书所指的金融产业是其狭义的概念，主要包含银行业、证券业、信托业、保险业、基金业等多个行业。本书对狭义金融产业评价和发展趋势预测的研究，相信也会为广义金融产业的研究提供借鉴意义。

第二节 金融产业评价的相关研究现状

一、评价指标的确定

对于金融产业影响因素，学者们有一些定性的研究。戈德史密斯（1969）认为金融结构的发展程度可以从以下八个方面来量化：金融相关比率、全部金融上层结构的构成、金融资产总量和各类金融工具总量在各个经济部门之间及其子部门之间的分布、不同类型金融机构的相对重要性、金融结构的机构化程度、金融工具总量及结构矩阵、金融结构的流量分析、不同部门及子部门在全部资金来源中所占的份额。其中最重要的金融相关比率，反映了金融上层结构与经济基础结构之间相对规模的变化，以金融相关比率表示的金融结构层次的提高，意味着金融发展水平的提高，从而对经济发展的促进作用也会增强。随后，金和莱文（King & Levine，1993）利用四个指标来衡量金融产业结构，即负债与 GDP 的比率、普通银行和中央银行在分配国内信贷时的份额、非金融机构的贷款与总信贷的比值和非金融机构的贷款与 GDP 的比值。莱文（1999）按照三个方面的指标对金融结构综合指数进行了构建，一是相对规模指标，是一国或地区银行占资本市场总值的比率；二是业务活动指标，用一国或地区商业银行发行的私人贷款与国内交易所股票交易总值的比率表示；三是功能效率指标，采用一国或地区的股票市场交易额与经济规模的比值。莱文（2000）从利率自由化、降低进入壁垒、减少外汇储备、放松信贷管制、国有银行的私有化和加强审慎性金融监管这六个方面构建了金融自由化指数。随着研究的深入，部分国外学者通过构建金融状况指数（financial conditions index，FCI）对各国的金融状况进行评价，如学者库普和克罗比利斯

（Koop & Korobilis，2014）采用 TVP – FAVAR 模型，从金融压力方面构建金融指数来确定影响美国宏观经济的关键变量。而安杰洛普罗等（Angelopoulou et al.，2014）从金融资产价格、数量和价差等方面，选取了企业贷款、家庭贷款、利率对贷款的影响、利率对存款的影响、净资产流动性等 24 个指标构建金融状况指数，对金融和经济活动进行研究。

我国学者对金融产业指标构建的研究也不少。张旭和潘群（2002）讨论了 20 世纪 90 年代形成的金融发展指标体系，其中不仅设置了金融中介发展指标，还从市场发展的角度考虑，将两者综合起来全面评价金融发展。王毅（2002）在此基础上提出用金融存量指标来衡量我国的金融深化程度。战明华（2002）从金融存量指标、金融流量指标、金融资产价格指标三个方面考虑，建立了衡量一国金融深化程度的指标体系，利用该指标体系对中国金融发展水平进行评价。而李健和贾玉革（2005）第一次系统地构建了金融结构分析指标，从要素、功能和效率的角度研究了金融结构合理性的表象、深层与本质特征，提出了金融结构合理性的评价标准，并在此基础上设计了一套涵盖金融产业结构、金融市场结构、融资结构、金融资产结构、金融开放结构五个方面，宏观、中观和微观三个层次立体化、多视角的金融结构分析指标体系。周国富和胡慧敏（2007）认为，金融效率就是一国金融资源的配置状态，具体包括微观金融效率（即金融产业本身的投入产出率）和宏观金融效率（即金融资源的配置效率）两个方面。以此为基础设计了储蓄率、储蓄投资转化率等 16 个指标来反映我国的金融效率，通过这些指标构成了一个适合我国国情的金融效率评价指标体系。张启富（2012）以金融发展水平为评价目标，构建了我国金融强省评价指标体系，并对广东、浙江、上海、北京、江苏和山东等省份进行了实证评价。从金融规模、金融交易、金融机构、金融效率和其他相关五个方面构建指标体系。

二、评价方法的研究

对于金融产业评价方法的选择，多集中于随机前沿法、主客观赋权法等不同综合评价方法。埃米利等（Emili et al.，2008）利用数据包络分析方法（DEA）对1992～1998年西班牙的商业银行效率进行了实证测度，实证结果显示，在此期间90%的银行效率都得到了提高，这是由于银行之间的并购行为和其他环境因素的影响。在以往学者相关研究的基础上，贝尔根达赫尔和林德布罗姆（Bergendahl & Lindblom，2008）使用DEA方法对瑞典储蓄银行的服务效率进行了实证研究，结果显示，绝大部分银行在一定时期内服务是有效率的，特别是那些具有中等规模的银行表现得特别明显。我国学者周逢民等（2010）也采用两阶段的DEA模型对商业银行的效率进行评价，得出国有商业银行的技术效率普遍低于股份制商业银行的结论。

雷宏（2007）从金融对经济发展的影响、金融对投资活动的影响、金融对生产活动的影响、金融对人们生活的影响几个方面选取M2（广义货币）、国内信贷余额、金融资产总量、股市总市值、期货交易量、债券融资额、证券化资产总量7个指标，采用主成分分析技术构建金融发展指数模型，选择代表金融发展总体水平的第一主成分作为金融发展综合指数，并从实证的角度证明了指数的有效性。王成辉和江生忠（2006）在建立我国保险业竞争力指标体系的基础上，应用数理统计中的因子分析方法，结合我国保险市场的实际数据，对竞争力进行了实证分析，并分别对我国的财险和寿险公司进行了竞争力比较和排名。杨善祥、姚俭和李江（2009）对我国商业银行所面临的操作风险进行了定性分析，在此基础上构建了评价模型，并运用模糊综合评价方法对这一模型进行了实证检验。钟永红和曹丹蕊（2013）同样运用因子分析法对我国商业银行的流动性进行了综合评价研究。顾海峰和刘丹丹（2015）设计了中国信托公司风险运营效率评价指标体系，并选取来自中国信托业 68 家机构 2013 年度运营数据，运用因子分析法对中国信托公司风险运营效率评价进行了实证分析。

沈军（2006）认为，金融效率的实证分析实质是一种综合评价，评价方法是关键。将金融效率的实证方法归类为综合评价方法与非线性方法两大类。对各种评价方法的优缺点进行分析得出，非线性方法在金融效率实证分析中有很大的应用前景。而非线性方法还没有广泛用于金融产业评价的研究中，仅有张品一等（2016）基于金融产业复杂性的特征，采用非线性协同论的方法对金融产业的运营效率进行了评价。

第三节　金融产业演化发展的研究现状

一、金融产业发展影响因素的研究

对于金融业发展的影响因素，国内外学者有大量的研究。部分学者从金融系统内部出发，如巴斯等（Barth et al.，2011）认为一国的金融业发展主要受限于本国的金融业基础，而金融业基础又主要由金融机构、金融技术和行业规则决定。李健和卫平（2015）从金融规模和金融效率两个方面衡量金融发展水平。布雷姆斯和兰伯特（Bremus & Lambert，2014）研究了欧洲银行流动性对金融业发展的影响，指出金融业作为服务业的重要组成部分，对服务业的发展具有重要推动作用。付等（Fu et al.，2014）认为，在外部宏观经济政策和监管规则等不变时，银行集中度和定价能力对银行系统的稳定性造成影响，而银行系统稳定是金融稳定的关键因素。

除了金融系统内部因素外，外部环境也对金融产业产生影响，主要集中在宏观因素、开放水平、最终需求层面等方面。从宏观因素来看，张芳洁（2004）认为影响我国保险业发展的经济因素包括经济发展水平、市场化水平、国家税收、产业结构变动、居民储蓄增长、固定资产投资、通货膨胀等，并分别进行了实证分析。从开放水平来看，张伟、郭金龙和张许颖（2005）通过理论分析，认为地区间保险业的发展差距在于地区经济发展水平的差距、经济开放程度的差距、社会保障水平的差距以及人们风险意识的不同，建议我国适当加强中、西部地区保险市场的开发，促进地区平衡发展。巴尔塔基等（Baltagi et al.，2009）认为，资本项目和一般项目的对外开放都能通过银行部门的发展从而促进金融发展。而米什金（Mishkin，2009）指出，对外开放主要体现为贸易开放与金融开放，而且对外开放是推动发展中国家金融发展的关键因素。金等（Kim et al.，2010）认为，贸易开放长期对金融发展有促进作用，而短期对金融发展有负面作用。而张成思等（2013）认为，中国的贸易开放和金融开放不相协调，金融结构与贸易结构不相匹配，从而造成对外开放反向抑制金融发展。从最终需求层面看，贾利军（2016）将影响中国、美国、俄罗斯三个国家金融产业发展的因素从需求结构的角度分解为价格、中间投入、居民消费、政府消费、出口、进口六个方面进行分析，发现中间投入是三个国家金融发展的主要影响因素。

而斯维里德曾卡（Svirydzenka，2016）综合考虑了金融产业内部和外部的所有影响因素，从发达金融机构和市场的深度、进入和效率三个方面确定了包括信贷占 GDP 的比例、资产占 GDP 的比例、保险收入占 GDP 的比例、资产收益率、股本回报率等 20 个指标，构建金融发展指数。

可见影响金融产业发展的因素众多，对金融产业演化发展进行研究时，不仅需要考虑金融产业内部因素，还需要确定影响金融产业的外部环境因素（黄薇等，2013）。因此，在构建金融产业演化发展的指标体系时，要综合考虑影响金融产业发展的因素。

二、金融产业演化发展方向的研究

对于金融产业如何发展的研究多是从理论上进行探讨，如温涛等（2004）认为，金融产业可持续发展必须能够促进资源优化配置，应寻求有效的产业发展模式，建立完善的内控制度和有效的监管。应展宇（2010）认为，中国特殊的制度起点和经济背景决定了金融体制的改革一开始就是政府主导的强制性、自上而下的制度变迁过程，因而中国的金融结构是政府主导金融市场结构的演进。孙国茂和范跃进（2013）从金德尔伯格的经典理论入手，认为中国金融中心实现路径是强化政府引导下的自然形成模式，政府的作用是制度设计和制度供给，政府既要推动金融中心建设，也要制止“金融中心热”演变成新一轮的“开发区热”。张群等（2017）以货币、证券及外汇三个主要子市场及构成的整体金融市场为对象，探究其在结构、作用和功能方面的演化机理。针对相关性提出三体“束缚”模型，以描述各子市场间的复杂关系；针对非线性提出基于朗之万方程的动力学模型，以划分内生演进及外生随机两类非线性作用；针对适应性提出动态反馈模式，以反映不同非线性作用下金融市场演化的路径及动态适应的能力。

部分学者研究最优金融产业结构的演化，林毅夫等（2009）认为，处于一定发展阶段的经济体的要素禀赋结构决定了该经济体的最优产业结构，从而形成对金融服务的特定需求。各个经济发展阶段的最优金融结构需要与相应阶段实体经济对金融服务的需求相适应，以有效地实现金融体系的基本功能，促进实体经济发展。古德哈特（Goodhart，2014）认为，金融危机之后，金融结构优化需要加强金融监管，以解决过大的杠杆、错配和非核心银行融资等问题，提高银行系统的安全性。具体包括提高资本充足率和流动性比例，并且一旦有发生危机的可能，政府应该提前干预市场。张成思和刘贯春（2015）研究最优金融结构的特征和演化，发现伴随着资本形成，存在最优的金融结构与实体经济相匹配，且在不同经济发展阶段最优金融结构是动态演化的；最优金融结构内生决定于其要素禀赋结构，而并非单纯取决于经济发展阶段。

目前还未见学者对金融产业的发展趋势进行预测，但部分学者对金融产业中的银行或证券行业中的资产波动率等金融时序数据进行预测。戈亚尔和阿罗拉（Goyal & Arora，2012）用EGARCH模型研究了印度央行的汇率市场波动预测，发现利率对汇率的波动具有很强的反应；我国学者林宇等（2015）在EGARCH模型基础上结合马尔可夫模型分别对上海银行间同业拆放利率的波动率进行了预测。罗洪奔（2014）采用基于灰色—ARIMA的金融时间序列智能混合预测模型对上证指数进行预测。而随着复杂性科学的兴起，学者们开始采用神经网络模型对金融时序数据进行预测，如周博和严洪森（2013）提出一种基于多维泰勒网建立动力学模型的方法，它将股票市场等效为动力学系统并将其与小波分析相结合，应用于对上证指数的建模和预测。于志军等（2015）采用灰色神经网络对股票收益率进行预测，并通过EGARCH对预测结果进行校正。邱等（Qiu et al.，2016）采用人工神经网络模型对日本的股市回报率进行预测，认为ANN模型能提高预测精度。可见，随着智能模型的发展，神经网络模型已经广泛使用于金融时序数据的预测。

第四节 复杂金融理论的研究现状

一、复杂性科学的含义

关于复杂性科学的研究，我们首先要认识到它并不属于现有的任何一门学科，而是一个全新的研究领域。在对复杂性问题的研究中，学者们提出了全新的研究思路，使用大量的新兴方法，并且从方法论上超越了使用已久的还原论，从而使得复杂性科学逐渐成为一门新的学科。但是对于“复杂性科学”这一命名，专家学者们还是有一些不同的探讨意见，例如闵家胤（2003）认为，“复杂性研究”这一名称表达更加准确合理。因为一门科学是有特定的实体研究对象，例如物理、生物、化学，而复杂性则是一种广泛存在于各个学科中的属性，从未有研究一种“属性”而建立的科学。同样地，我国复杂性研究的先驱学者苗东升（2001）也认为，复杂性不是一门新科学，因为“复杂性研究”的成果不是在相对论、分子生物学之外又出现的一门新学科，而是所有学科领域都有自己的复杂性，都需要超越还原论，不可能把这些成果归属于某一门学科，复杂性研究改变的不是个别学科领域，而是几乎所有学科领域，所有学科领域复杂性研究的总和才是所谓的“复杂性科学”。

“复杂性科学”从名字上来看，很容易联想到与之相对应的“简单性科学”，但区分复杂和简单的标准绝不是研究的难易程度。苗东升（2001）对此做出过解释：“研究难度和是否复杂不是一回事，‘简单性科学’的问题并非是容易解决的问题，要说相对论和量子论是简单性科学显然是不妥的。”而受到广泛认可的，复杂性科学同已有的成熟科学的最大区别在于方法论。钱学森（2000）认为：“凡是不能用还原论处理或不宜用还原论方法处理的问题，而要用或宜用新的科学方法处理的问题，都是复杂性问题。”宋学锋（2003）对复杂性给出的一个狭义的定义为：“复杂性是指系统由于内在元素非线性交互作用而产生的行为无序性的外在表象。”由此可以总结出一些特点：复杂性科学的研究是基于非还原论来解决广泛存在于复杂系统内部的非线性关系引发的问题。

二、复杂性科学的发展现状

回顾复杂性科学的发展历程，它的形成与系统科学关系紧密相关。系统科学家们提出的一些概念如系统、信息、通信、控制、反馈，是探索复杂性的重要思想基础。早在20世纪40年代，冯·贝塔朗菲（1987）在一般系统论的研究中这样表示：“我们被迫在一切知识领域中运用‘整体’或‘系统’概念来处理复杂性问题。”由此可见，系统科学研究很大程度上也是为了解决复杂性问题。尽管在这一时期可以认为复杂性科学的研究思想已经萌发，但在系统科学的框架下，仍然没有超越还原论的研究方法。而20世纪80年代则被认为是复杂性科学的真正诞生期。1984年在美国成立的圣塔菲研究所（Santa Fe Institute，SFI）是一个重要标志，圣塔菲研究所聚集了一批来自不同阶层不同学术背景的学者，包括鼎鼎有名的物理学家马瑞·盖尔曼（Murray Gellmann）、菲利普·安德森（Philip Anderson）和经济物理学家肯尼思·阿罗（Kenneth Arrow）三位诺贝尔奖得主。作为第一个涵盖多个领域，特别以复杂性为研究对象的机构，这标志着复杂性科学的真正诞生。另外，普利高津（Prigogine）在《从混沌到有序》中明确提出复杂性科学的概念，其后普利高津和尼克里斯（Prigogine & Nicolis）又出版了《探索复杂性》（*Exploration of Complexity*）一书，统一了前四十年各领域零散的研究成果，从而使得复杂性科学作为一个重要的研究方向得到全世界科学家的关注。我国著名学者钱学森在同一时期也敏锐地洞察到了复杂性科学的发展态势，20世纪80年代中期，他创建系统学的讨论班，指出巨系统可以划分为简单的和复杂的，通过多年的探索，并于1993年提出开放复杂巨系统的概念，创建出自己的一套复杂性研究的思路和方法论。

经过半个多世纪的探索，复杂性研究已经初具规模，其研究内容主要包括混沌学、分形学、非线性科学、耗散结构论、自组织、涌现、突变、混沌边缘、模糊逻辑等。但实际上目前对于复杂性理论的研究，除了圣塔菲研究所作为公认的发源中心之外，还没有形成一个聚合体系。在各个学科领域中，学者们结合复杂性科学的研究相对独立、松散，没有形成良性互动。对于复杂性的判断与评价没有统一的度量标准，对于系统复杂性的研究流程也没有统一的框架和指导方向。

尽管复杂性科学还没有一个大一统的理论体系，但复杂性科学的研究方法在各个领域的渗透却已十分广泛。米歇尔·沃尔德罗普（1997）在著作《复杂——诞生于秩序与混沌边缘的科学》一书中这样写道："这门学科还如此之新，其范围又如此之广，以至于还无人完全知晓如何确切地定义它，甚至还不知道它的边界何在。如果说复杂性科学的研究领域目前尚显得模糊不清，那便是因为这项研究正在试图解答的是一切常规科学范畴无法解答的问题。"

在复杂性科学诞生早期，所涉及的研究主要是自然科学领域，包括大脑、免疫系统、细胞、生物进化、计算机科学等。而在最近的一些研究中，逐渐扩展到社会科学领域，涵盖金融市场、企业管理等方面。因此，英国著名物理学家霍金（Hawking S. W.）称"21 世纪将是复杂性科学的世纪"。

三、复杂性科学在金融领域的应用

金融市场相比于其他市场，因为更多的人为因素的介入而变得更加复杂，具有更明显的非线性、混沌、自组织和自进化等特性，是一种具有耗散结构的系统，并具有动态均衡性（许涤龙和沈春华，2008）。罗萨里奥·N. 曼特尼亚和尤金·斯坦利（2006）在《经济物理学导论：金融中的相关性与复杂性》一书中第一次使用了"金融物理学"的概念，将金融和物理学结合起来。随后不少学者开始探索将复杂性科学的方法应用于金融系统的研究，复杂金融理论随之兴起。复杂金融理论实际就是将金融市场看作一个复杂系统（张维等，2013），系统中的金融主体不再是传统金融理论所假定的理性人，它们是具有适应演化和学习能力的主体，这些金融主体之间通过进行强非线性交互行为，使金融系统涌现出一系列复杂的演化特征（刘超，2018）。

复杂性金融理论目前的研究主要可以分为两个方面：对宏观市

场结构的仿真研究以及对金融市场子系统的预测和风险评价。对宏观市场的研究集中在探究金融产业的集聚效应、金融系统整体功能的涌现，探寻金融系统发展和创新的内在规律等。如陈林心等（2017）在研究金融集聚、经济发展和生态效率的复杂交互关系时，强调系统的自组织作用，根据系统的耦合特征建立空间面板模型验证了三个方面各自的空间依赖关系和之间的互动关系，为区域生态经济发展提出建议。而沈军和白钦先（2006）将金融结构、金融功能与金融效率整合在金融系统内进行研究，并依据复杂系统适应理论（CAS），把宏观和微观看作相对的层次，提出从分化、涌现角度实现系统综合。

对金融市场子系统的微观研究主要包括使用复杂系统理论的方法对证券、银行、房地产等系统的风险评价、对各种金融资产数据进行预测等。如欧阳红兵和刘晓东（2015）在对金融机构的系统重要性及系统性风险的研究中，以银行同业拆借市场为研究对象，采用最小生成树（MST）和平面极大过滤图（PMFG）方法构建金融市场网络，研究风险在这一系统中的传导机制。陈等（Chen et al.，2020）对中国房地产系统的研究中，使用复杂熵二元因果平面法，对中国部分城市的房地产市场效率进行评价。此外，神经网络、机器学习、遗传算法等非线性模型都被广泛地应用于包括股指、期货、汇率在内的复杂金融资产数据的仿真预测中（惠晓峰等，2002；辛治运和顾明，2008）。这些研究极大地丰富了复杂性金融理论的研究范围。

在金融危机之后，金融市场的网络、传染、反馈等特征成为学者们关注的焦点，复杂性科学的思想和方法为研究金融系统交互关系提供了新的方法，为实现金融系统的检测和监管提供了技术支撑。虽然复杂性科学在金融领域有所应用，但仍处于初级阶段（Battiston，2016）。因此，复杂性金融理论有较大的发展前景，同样也存在需要补充的内容，这也是本书研究的意义所在。

第五节 本章小结

金融产业系统的研究具有重要的理论和现实意义，国内外学者从多个角度对金融产业的内涵、评价指标和演化发展等进行了大量的研究，提出了不同的见解，丰富和发展了金融产业理论，为金融产业系统评价和预测的研究奠定了良好的基础，对引导金融发展促进经济稳定增长起到了重要的作用。但是，随着金融市场和经济的不断发展，金融市场的多样性、多层次性和复杂性显现，对金融产业系统科学的认知、评价和预测的研究提出了更高要求，因此，必须采用更加科学的方法评价金融产业系统的发展现状，探索其内在的动态优化机制。从对金融产业系统的国内外研究现状及发展动态分析中，可以得到以下四个观点。

（1）国内外学者对金融产业进行了大量的理论探索，可知金融产业是一个内涵丰富、功能复杂的系统，不同学者可以从不同角度进行研究，为本书界定金融产业、认知金融产业的复杂性特征和划分金融子系统奠定了基础。因为金融产业的动态性和复杂性使得对金融产业系统的探索成为一个动态复杂问题，需要借助于更科学的方法对其进行探究。

（2）国内外学者常用的金融产业系统评价方法存在一定的局限性。金融产业系统评价的研究是近几十年金融理论界研究的热点问题，但目前的评价方法大多局限于层次分析法、数据包络分析模型、聚类法、因子分析法等综合评价法。一方面，这些评价方法对权重的设定需要加入人为因素，计算相对烦琐，相关数据获取较困难，容易造成主观性评价，评价结果的科学性和合理性有待考察；另一方面，这些评价理论都基于线性理论基础，对于金融产业系统这类充满非线性特征的复杂系统有一定的局限性。因此，应该采用非线性方法对金融产业进行评价。

(3) 国内外研究中还未有对金融产业发展趋势进行预测的研究。目前国内外学者对金融产业演化方向的研究多停留在定性阶段，集中在研究影响金融产业发展的因素和演化发展方向等，为本书金融产业演化发展指标体系的构建和优化发展政策建议的研究提供了参考。仅有少数学者采用神经网络模型对股市价格、汇率波动趋势进行预测，为本书对金融产业发展趋势研究方法的选择奠定了基础。

(4) 复杂性科学理论已经在金融领域有所应用，是未来金融产业研究的发展趋势。已有少数学者认识到了金融产业系统的复杂性，采用复杂性科学的思想研究金融领域的不同方面，但复杂性科学在金融中的运用仍然处于初级阶段，有很大的发展空间（Battiston，2016）。而复杂性科学中的神经网络模型已经用于金融时序数据的预测，为本书金融产业发展趋势预测的研究提供了方法基础。

综上所述，金融产业的复杂特征是研究金融产业系统的基础，现有的研究还不足以应对金融产业内部非线性交互作用和新常态条件下复杂多变的金融环境。本书将复杂性科学的方法引入金融产业系统的研究中，从“认知特征—评价现状—预测未来”三个方面对金融产业系统的运营状态进行深入研究，对于丰富和完善金融产业的研究方法和研究范式具有重要理论价值。本书拟在上述国内外研究成果的基础上，结合金融产业的复杂性特征，首先，对国内外金融产业发展历程进行总结；其次，基于不同的复杂性科学的方法，揭示我国金融产业的复杂性特征；随后采用非线性科学中的协同论对金融产业系统进行协调性评价；再通过遗传优化算法和 BP 神经网络对新常态下金融产业发展方向进行仿真预测；最后对全书的结论进行总结，并提出实现金融产业系统优化发展的政策建议。

第三章

我国金融产业发展的历史进程和国际经验

20世纪起，全球金融业先后经历了第一阶段的自然混业经营状态、第二阶段的强制性分业经营阶段和第三阶段的自发相对发达的混业经营发展阶段。金融体系混业发展成为当前国际金融主流发展模式。中国的金融体系的发展也从最初的“大一统”模式变为“分业经营”模式。目前混业经营趋势也越来越明显。中国金融发展是在借鉴和学习国外经验的基础上进行的尝试和探索，因此有必要对世界典型国家的金融业发展历程进行深入研究，把握金融发展规律，推进我国金融改革，进而通过金融对经济的“核心”作用推动经济的发展。

从世界各国金融业发展的历程来看，混业经营模式主要分为两种：一种是以美、英等国为代表的金融控股组织形式，核心特点是以控股公司作为母公司综合经营，下设银行、证券、保险等子公司，进而涉足多个金融领域；第二种是以德国为代表的全能银行组织形式，全能银行模式是最为彻底的混业模式。因此，本书选择对美国和德国这两个最有代表性发达国家的金融业发展进程进行研究，并结合我国的金融发展现状，指出我国金融业未来发展的方向。

第一节　我国金融产业发展的历史进程

我国的金融起步较晚，随着我国经济体制的改革和对国外金融发展模式的学习和借鉴，我国金融制度变迁也经历了渐进式的演进过程。

1. 新中国成立初期，“大一统”金融经营模式

1948 年 12 月，中国人民银行的成立，是我国社会主义金融事业的开端。随后在社会主义改造时期，我国借鉴苏联模式，建立了高度集中的国家银行体系，即“大一统”的中国人民银行体系。当时中国人民银行是我国唯一的金融机构，其分支机构按行政区域从中央遍设全国各地，业务内容也很庞杂，既从事国家信贷政策的制定和金融管理，又从事存款、贷款、结算、现金出纳等具体业务。

2. 改革开放以后，我国金融制度改革，分业监管模式的确立

20 世纪 70 年代末，国家开始走市场化发展道路，银行体系和金融市场体系开始逐步建立，这一阶段我国金融机构从一元化向多元化转变。国家设立了中国农业银行、中国银行、中国建设银行和中国工商银行四家国有专业银行，中国人民银行行使中央银行职能，不再直接经营商业银行业务。随后金融体系快速发展，股份制银行和非银行金融机构迅速增加。随着 80 年代中期开始债券市场和股票市场发育，非银行金融机构发展，银行业开始从事证券、信托业务。1991 年底和 1992 年底，深圳证券交易所和上海证券交易所分别成立，为今后的金融市场发展奠定了基础。

1993 年，我国明确提出分业经营的原则以抑制当时过热的经济。1993 年 7 月以后，为防止信贷资金通过各种渠道进入房地产行

业，开始实施金融分业政策，金融业内按产业分业，即将银行业、证券业、保险业和信托业分立为不同的金融产业和金融市场，由专门的金融机构经营。1995 年以后，金融立法的不断完善，《中华人民共和国商业银行法》、《中华人民共和国保险法》和《中华人民共和国证券法》的出台，标志着“金融分产业”体制的立法工作完成，而且明确实行了以金融产业分离和金融机构分立为基础的“金融分业”制度是中国在相当一段时间内的长期制度。1992 年证监会成立，1998 年保监会成立，2003 年银监会成立，分业经营的框架构建完成。各家行政主管部门按照行政边界划定所管辖的金融产业部门边界、对应金融机构和金融市场按相应原则出台相关行政法规并以此“规范”所辖金融机构的经营行为。

3. 适应国际化需要，向混业经营转变

在 20 世纪 90 年代中期我国开始确立金融分业的时候，美国则加快了推进金融混业的进程。在我国的金融发展中，各家金融机构一方面在监管力量的推动下加快金融分业的进程，同时允许出现中信控股、平安保险、光大集团等以非银行金融机构为控制者的金融控股公司开展非银行金融业务，后来工商银行、建设银行等各家银行都按照类似模式开展了混业经营。1999 年，美国彻底走向混业经营以后，中国的决策当局实际上也在有序推进金融混业的进程，首先银行可以设立基金管理公司，接着开始设立信托、证券等机构。同时，中国加入 WTO 之后，经济进入持续快速发展时期。这些都极大地推动了我国金融混业化的发展。

2004 年，国务院启动国有银行股份制改革，推进建立现代金融企业制度。其他类型的银行业机构也随经济高速增长而取得了快速的发展，多元化、市场化的金融体系逐步形成。2005 年 2 月 12 日，中国人民银行、中国银行业监督管理委员会和中国证券监督管理委员会共同发布了《商业银行设立基金管理公司试点管理办法》，规定了商业银行将可直接投资设立基金公司。2008 年，中国银监会和

保监会签订了《中国银监会与中国保监会关于加强银保深层次合作和跨业监管合作谅解备忘录》，同意银行投资入股保险公司。这些都在很大程度上为我国混业经营制度发展奠定了基础。2013 年以后，民营银行开始试点，银行业进一步开放；并且随着互联网技术的发展，互联网金融模式推出，第三方支付、数字货币、区块链等金融科技产品快速发展，迫使银行业进行转型升级。未来金融业将逐步构建多层次、广覆盖、有差异的金融体系。

第二节　我国金融产业的发展现状

自新中国成立以来，经过 70 多年的发展，我国的金融体系已经从单一银行体系发展成为多元化、多层次化的金融业体系，行业竞争日益激烈，市场效率也在不断提高，为我国的经济高速发展提供了有力的支撑。

近 20 年，我国金融业的发展史就是银行业的发展史。从中国人民银行大一统的局面，到目前商业银行、政策性银行、非银行金融机构以及民间非正规金融机构等多种模式并存。如图 3－1 所示，虽然目前银行业金融机构总资产占金融机构总资产的比值逐步下降，但截至 2019 年底，银行业金融机构的总资产仍然占整个金融机构总资产的 91% 以上，其中商业银行总资产占金融机构总资产的 75% 以上，并且呈现上升趋势（见图 3－2）。

结合表 3－1 进一步分析我国商业银行总资产分布，商业银行分为国有商业银行、城市商业银行、农村商业银行和股份制商业银行，其中，国有商业银行包括中国工商银行、中国农业银行、中国银行、中国建设银行、交通银行、中国邮政储蓄银行，总资产占商业银行总资产的半数以上，但是份额在逐年下降；城市商业银行、农村商业银行和股份制商业银行的总资产份额都在逐步提高，特别是农村商业银行总资产份额从 2007 年的 1.53% 上升到 2019 年的

14.05%。说明我国虽然是银行机构占主要部分，但是国有商业银行一家独大的局面在逐步改变，取而代之的是其他各类商业银行共同快速发展。

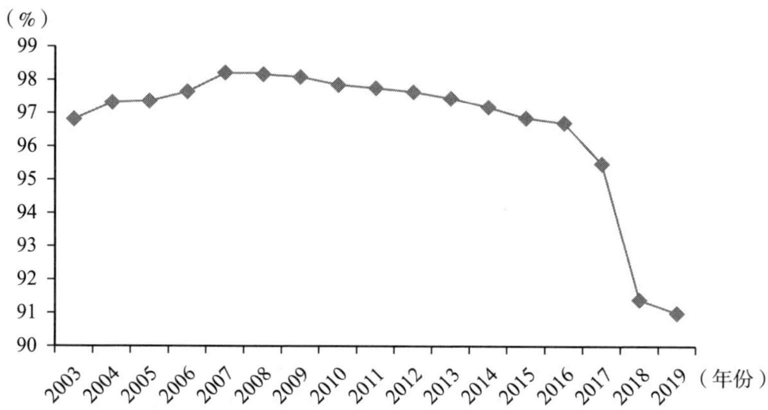

图 3-1　我国银行业金融机构总资产占金融机构总资产的比例

资料来源：中国银保监会数据整理求得。

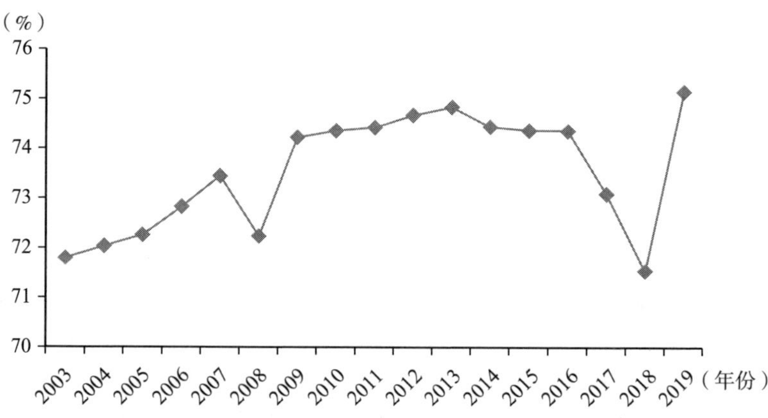

图 3-2　我国商业银行总资产占金融机构总资产的比例

资料来源：中国银保监会数据整理求得。

表3－1　　　　我国商业银行总资产分布状况

年份	商业银行总资产（万亿元）	国有商业银行总资产（万亿元）	国有商业银行占比（%）	城市商业银行总资产（万亿元）	城市商业银行占比（%）	股份制商业银行总资产（万亿元）	股份制商业银行占比（%）	农村商业银行总资产（万亿元）	农村商业银行占比（%）
2003	20.51	16.05	78.25	1.46	7.13	2.96	14.43	0.04	0.19
2004	23.39	17.98	76.87	1.71	7.29	3.65	15.59	0.06	0.24
2005	27.81	21.01	75.53	2.04	7.32	4.47	16.06	0.30	1.09
2006	32.78	24.24	73.94	2.59	7.91	5.44	16.61	0.50	1.54
2007	39.72	28.50	71.74	3.34	8.41	7.27	18.31	0.61	1.53
2008	46.47	32.58	70.10	4.13	8.89	8.83	19.01	0.93	2.00
2009	60.16	40.80	67.81	5.68	9.44	11.82	19.64	1.87	3.10
2010	72.42	46.89	64.76	7.85	10.84	14.90	20.58	2.77	3.82
2011	86.25	53.63	62.18	9.98	11.58	18.38	21.31	4.25	4.93
2012	102.19	60.04	58.75	12.35	12.08	23.53	23.02	6.28	6.14
2013	116.24	65.60	56.44	15.18	13.06	26.94	23.17	8.52	7.33
2014	132.01	71.01	53.80	18.08	13.70	31.38	23.77	11.53	8.73
2015	153.07	78.16	51.07	22.68	14.82	36.99	24.16	15.23	9.95
2016	178.58	86.60	48.49	28.24	15.81	43.47	24.34	20.27	11.35
2017	193.20	92.81	48.04	31.72	16.42	44.96	23.27	23.70	12.27
2018	209.96	98.35	46.84	34.35	16.36	47.02	22.39	30.24	14.40
2019	239.49	116.78	48.76	37.28	15.56	51.78	21.62	33.65	14.05

资料来源：通过中银保监会数据整理而来。

综合我国金融市场的数据，我国金融创新不足，融资渠道还是以银行业间接融资模式为主。因此，我国目前迫切地需要发展直接融资市场，继续落实金融去杠杆、去中心化的需求，以确保金融业更好地服务科技等实体行业。

我国虽然是以银行为主导的金融市场，但保险业和证券业等非银行金融机构也是我国金融市场的重要组成部分。近年来，保险业和证券业的快速发展为优化金融结构和促进资本市场提供了重要支撑。由图3－3可知，近20年来，我国保险公司的数量在不断增长，并且保持了较高的增速。我国保险业整体起步较晚，但自从加入WTO之后，保险行业快速发展，数量从2000年的33家增加到2019年的235家；其保费收入也从2000年的1598亿元增加到2019年的42644.8亿元，增长超过25倍。此外，随着资产管理、财富传承意识的增强，人们对保险服务的需求不断提升，保险业创新销售渠道、开发新型保险品种，为行业发展提供新的增长契机。

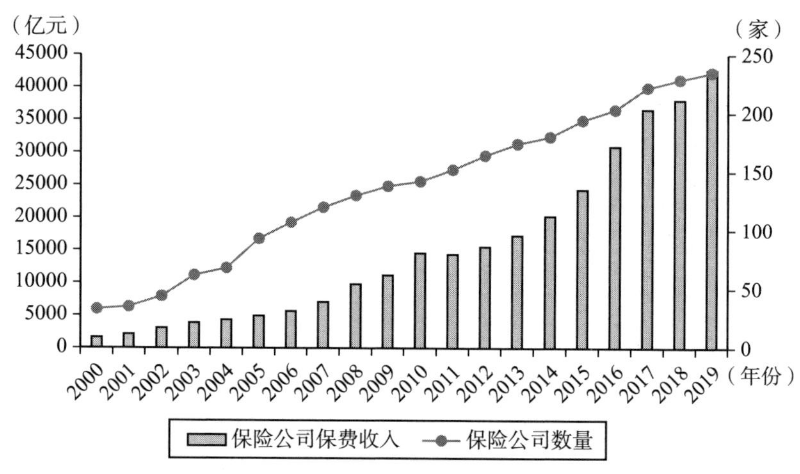

图3－3 我国保险公司保费收入和保险公司数量

资料来源：Wind资讯数据库。

自20世纪90年代初，上海证券交易所和深圳证券交易所先后成立，我国证券市场经历了从无到有，再到现在证券市场业务蓬勃发展、百花齐放的局面。如图3－4所示，2007～2019年证券公司数量增长较为缓慢，从2007年的106家增长到2019年的133家。

这一方面是由于证券市场有严格的市场淘汰机制，促使优质的证券公司对中小型证券公司进行兼并和重组；另一方面是因为证券行业准入管制和资本进入壁垒使得证券行业进入门槛不断提高，导致新设证券公司难度增加。但是，证券公司总资产从2007年的17300亿元，增长到2019年的72600亿元，说明证券公司的盈利能力和业务收入提升。随着我国资本市场的不断发展，创业板、中小板和科创板的推出，新老三板的不断完善，股权市场分层分级越来越规范，通过不同的渠道为各类企业发展提供新的融资渠道；随着融资融券、股票期权的推出，证券市场实现了双向交易，证券市场逐步成熟；并且注册制的逐步推行，证券市场化程度不断提高，极大地激励了我国的创新创业，促进了实体经济的发展。

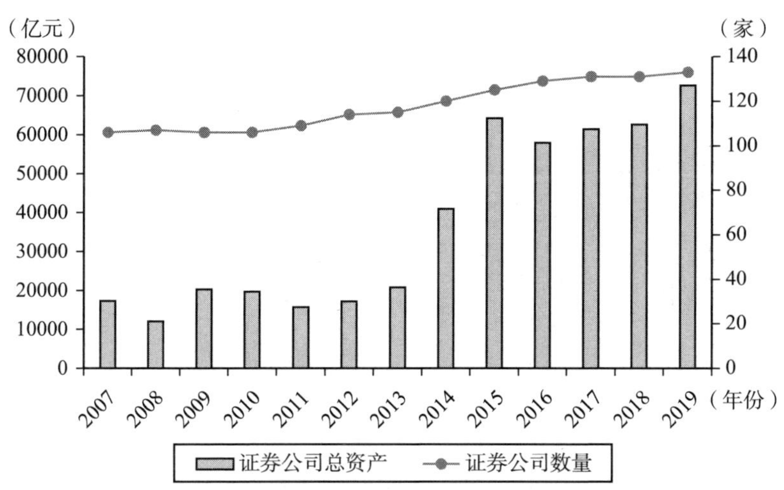

图3-4 我国证券公司总资产和证券公司数量

资料来源：Wind资讯数据库。

在新常态条件下，我国经济发展进入了“高速增长转为中高速增长，经济结构不断优化升级，要素驱动、投资驱动转向创新驱动”时期。新常态下，我国金融业呈现出新的变化趋势，金融业增长趋势放缓。如图 3 - 5 所示，2005 ~ 2015 年，我国金融总资产占比逐步提高，2015 年达到最高值 8.55%，但是 2015 年以后金融业增速放缓，金融总资产占 GDP 的比重略微下降，并且 2015 年后金融业总资产增速明显下降，已经达到了最低值。可见，金融业要适应新常态条件，金融业增速下降和盈利增长放缓将成为常态。在新常态条件下，对金融产业发展也提出了更高的要求，金融产业需要改变过去大规模、高速的发展模式，实现发展速度和质量的有机统一。

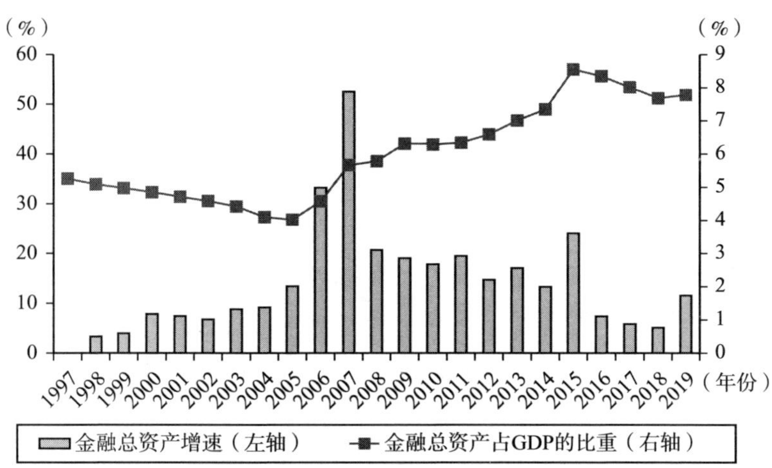

图 3 - 5　1997 ~ 2019 年我国金融总资产占比和增速

注：金融总资产占比通过金融总资产与 GDP 的比值求得。

资料来源：《中国统计年鉴》(1998 ~ 2020 年)。

第三节　世界典型国家的金融体系研究

一、美国金融体系发展历程

美国金融体系作为混业经营模型的代表，也是全球金融体系发展的重要参照物。自20世纪20年代以来，美国的金融体系经过多轮的波动和调整，以适应不断变化的经济和金融发展的需求。

1. 20世纪30年代——金融分业体制的确立

美国现代金融业始于20世纪初，步入20世纪初期美国经济快速发展，从事存贷款业务的商业银行和从事证券业务的投资银行机构都开始蓬勃发展。当时的商业银行存贷款业务与投资银行证券交易业务是相互渗透的，大多数商业银行直接或通过其附属机构从事证券业务，投资银行在从事承销股票和债券包销业务的同时，也开办了某些商业银行的业务。

1929~1933年全面而深刻的大危机之后，人们对自由竞争的金融市场的优点产生了怀疑，为确保公众对全国金融体系的信心，金融监管从主张自由竞争和不干预，转向限制金融业过度竞争，保障金融业的稳健经营。在这种背景下，罗斯福总统颁布了一系列旨在彻底改革现行金融体系和货币政策的一揽子金融改革措施，确立严格的银证分离制度，使美国真正开始了分业经营的历程。

这次金融改革的主要目标是加强对金融业的监管，以规范银行业和证券业的经营行为；采取金融业务专业分工制和建立存款保险制度等，以达到稳定金融业和经济，防范危机的目的。其中最有代表性的是1933年6月16日通过的格拉斯—斯蒂格尔法案，也称“1933年银行法”，该法案的确立标志着美国分业制度的正式确立。该法案对分业经营做出了严格的规定：商业银行不能进行企业股票、债券等的承销、承购业务，除了购买政府债券以外，也不能经营证券投资等长期性投资业务。同时，作为证券经纪商、交易商的投资银行，也不能经营吸收存款等商业银行的业务。该法案认为如果断开银行与证券市场的联系，危机的循环就可以被打断，那么证券市场或银行业的危机就不一定会演化成整个国家的经济危机。

格拉斯—斯蒂格尔法案是美国金融法上的一座“里程碑”，它不仅标志着现代商业银行和现代投资银行的分离，也标志着纯粹意义上的商业银行和投资银行的诞生。继该法案之后，美国国会又相继颁布了 1934 年证券交易法、投资公司法、银行公平竞争法等一系列法案，逐步形成了金融分业经营制度。在随后的 20 年中，美国对金融法案进行了大量修正，从不同角度填补格拉斯—斯蒂格尔法案的漏洞，确保金融分业经营制度的稳定。

2. 20 世纪 90 年代末——混业经营体系的重新确立

美国不断完善的分业制度虽然在一定程度上稳定了金融秩序，但随着经济形势的变化和金融环境的变迁，美国的分业制度面临多方面的挑战。第一，高通货膨胀与利率上限的矛盾。市场利率上升，而银行利率又受利率上限的限制，导致银行资金大量流向金融市场，银行利润急剧下降，使银行业向证券业渗透的冲动难以抑制。第二，美国金融业受到外国银行全面金融业务的竞争压力。由于分业经营，造成美国银行规模小，数量多，业务单一，规模效益难以实现，因此，面对欧洲、日本的全能银行，美国银行缺乏竞争力。第三，20 世纪 70 年代后的金融创新浪潮不断，金融业国际化趋势加快。金融创新不断地冲破了人为因素和自然因素所形成的市场分割，使得不同融资工具、技术和服务之间差别缩小，不同金融产品和服务之间的替代性增大，银行业、证券业、保险业之间的联系越来越紧密，其界限也日益模糊，严格区分不同金融业务已相对困难。

在金融系统的内外部影响下，美国为了顺应这种金融产业日益融合的趋势，提高本国金融业的国际竞争力，从 20 世纪 80 年代初就开始了金融管制放松的进程，逐步改变了各金融机构的业务经营范围。1987 年 4 月，美联储对格拉斯—斯蒂格尔法案进行了重新解释，允许一些大银行如花旗银行、JP 摩根等以附属公司的方式开展某些证券业务，其中包括承销商业票据、抵押担保债券和资产支持证券等。1989 年批准部分银行可以经营公司的债券承销、买卖业务，1990 年又允许部分银行经营公司股票承销业务。在随后的十年中，美国有数十家金融机构先后开展了证券业务，大大提高了美国商业银行的竞争力。在 1996 年，通货监理署决定允许银行直接通过经营性附属公司的形式开展非银行业务。随后美联储逐步放松了对银行经营业务的限制，商业银行也通过直接收购投资银行的方式来经营证券业务。

1999 年，美国参众两院通过的金融服务现代化法案，废除了统治美国金融业 70 年的格拉斯—斯蒂格尔法案，彻底拆除了银行、证券和保险业之间的藩篱，允许商业银行以金融控股公司的形式从事包括证券和保险业务在内的全面金融服务，实行混业经营。金融服务现代化法案结束了美国长达 66 年之久的金融分业历史，当时的总统克林顿称这一变化“将带来金融机构业务的历史性变革”。该法案的通过对全球都将产生深刻影响，这意味着在美国最早实行，并传播到世界各地从而对国际金融格局产生了重大影响的金融分业经营制度走向终结，并揭示了美国以金融控股公司为核心的混业经营模式及金融服务业立法的现代化使美国金融发展走在了世界金融发展的前列。

3. 21 世纪——混业经营模式的完善

自 20 世纪末美国在创新和全球化竞争的压力下开展混业经营以来，美国的金融市场将市场自由化和创新推演到一个新的高度。但正是由于金融创新过度，使得“次级按揭贷款”、信用违约掉期等创新工具脱离了金融监管的能力范围，经营复杂金融产品的金融机构杠杆率过高，最终导致了金融风险集中爆发。危机之后，美国开始重新审视其金融体系，从金融产品、金融市场、金融机构、消费者、投资者、法人治理、中介机构、顺周期性等多视角审视金融混业经营发展状况。

经过多年努力，2014 年，美国监管当局和立法机构终于完成了覆盖金融系统诸多方面的金融监管改革法案——多德—弗兰克华尔街改革与消费者保护法。该法案有两个核心内容，一是提高市场的透明度，二是加强对消费者和投资者的利益保护，这两个方面的改革都是金融长期追求的目标。本次改革是对之前强调自由市场和纵容创新经营模式的一个重要转变，过度的金融创新或对复杂金融产品的使用将被限制，该法案下的金融产品创新将更加规范和理性。并且行为监管的目标提出并得到认可，将消费者保护纳入金融监管的内容。此后，华尔街正式掀开了新金融时代序幕，以金融控股公司为核心的金融混业发展将更加完善和有效。

二、美国金融控股公司模式的特点

美国的金融控股公司制度是金融混业经营的组织创新，日本、加拿大等许多发达国家以及许多发展中国家纷纷采用金融控股公司制度实行混业经营，金融控股公司制度成为世界上主要的金融混业经营组织制度。

1999 年国际三大金融监管部门——巴塞尔银行监管委员会、国际证监会组织、国际保险监管协会联合发布的《对金融控股集团的监管原则》，明确了金融控股集团的定义是“主要从事金融业务，并且至少明显地从事银行、证券、保险中的两种或两种以上的经营活动，受两个或两个以上行业监管当局监管的一类企业集团”。金融控股公司的成立必须满足三个条件：第一，能够利用一个综合服务平台为客户提供一站式、全方位、多功能的金融服务；第二，无论是以商业银行、投资银行、证券公司或保险公司等为主业，还是被金融机构、非金融机构或管理集团控股，金融控股公司的主体本身必须是一个金融机构；第三，金融控股公司能够控股足够多的金融机构子公司为客户提供多功能金融服务，而不论其控制的子公司中是否含有非金融机构。美国在 1999 年金融服务现代化法案中允许商业银行以金融控股公司形式从事非银行业务，第一次在法律上规定了金融控股公司这一新的范畴，随后金融控股公司成为国际金融发展的大趋势。

金融控股公司以金融业为主，一般以金融企业为控股母公司，全资或控股拥有专门从事某些具体业务（如商业银行、投资银行、保险等）的各个子公司，通过这些子公司在实际上实现多样化经营。从业务上看，金融控股公司一般可分为纯粹控股公司和经营性控股公司两种类型。纯粹控股公司设立的目的只是为了掌握子公司的股份，从事股权投资收益活动。如光大控股申银万国，它通过控制一些公司的股权，影响股东大会和董事会，支配被控股公司的重大决策或经营活动，但控股公司本身并不直接从事生产或经营活动。而经营性控股公司既从事股权控制，又从事实际业务经营。一般来说，这类公司资金实力雄厚，经营规模较大，如美国花旗、英国汇丰等。

三、德国金融体系发展历程

德国的混业经营制度受国家政治、经济等因素影响，随着历史的变化不断发展和变迁。其独特的全能银行体系，使得它能够灵活面对金融全球化带来的挑战，也能够化解防范更多的金融风险。

1. 19 世纪中期，银行多样化发展

德国的银行体系是从 19 世纪中叶发展起来的，是国家工业化发展需求的产物。随着时间的推移，各类银行的快速发展与激烈的竞争，各银行机构业务范围逐渐拓宽和交叉，进一步发展为综合有价证券、银行业务等为一体的综合性银行。19 世纪中叶是德国储蓄银行与合作银行快速发展的时期，国内大量储蓄银行数目急剧增多，19 世纪 60 年代，相继产生了抵押银行，银行经营业务种类也渐渐多样化，在之后较长的一段时间里，德国一直延续着这种发展路径。

2. 20 世纪中叶至 90 年代，德国综合银行制度的酝酿时期

第二次世界大战给德国经济发展带来了严重的创伤，整个金融体系受到严重破坏，金融机构的运营也受到了剧烈的冲击。并且第二次世界大战后，德国划分为两个主权国家。联邦德国被英、美、法等国占领，被迫执行美国式的银行制度；而民主德国按照苏联模式建立了新型的银行经营体制，传统的金融机构被禁止办理银行业务，民营机构被没收。而联邦德国、民主德国归并之后，为了进一步促进经济发展，改变经济一蹶不振的局面，对民主德国银行进行大范围改组，对传统的银行业务分工格局进行了全面改革，积极引入市场竞争体制，建立起了“全能银行制度”。

3. 20 世纪 90 年代末期，混合经营体系的建立

直到 20 世纪 90 年代末期，以四大银行为代表的德国各大银行的业务范围也从传统的金融业务拓展到了保险、证券、债券等多个领域，集私人客户和机构类客户服务于一身，成为了零售与批发业务共同运营的综合性银行。德国全能银行的业务范围几乎囊括了所有传统的银行业务和投行业务继而成为了综合性极强的世界大银行。德国经济从第二次世界大战后的一片废墟中快速崛起，一举成为世界经济强国，被经济学家誉为“经济奇迹”，这与其“全能银行”金融体系密切相关。

四、德国全能银行体系的特点

德国金融混业经营的载体是全能银行体系——混业最彻底，自由化程度最高的模式。德国的混业经营体系是以全能银行为主、以专业性银行和特殊信贷机构为辅对社会大众提供各类金融服务为特点的体系。全能银行可以提供所有金融业务，也可用自己的资金设立相应的机构从事证券、保险业务及其他专业金融业务，是银行角

度的综合经营。全能银行制度下，资源可以在集团内各部门间自由流通，合理配置，产生范围经济和规模效应降低成本，最大限度地拓宽了银行的盈利空间。根据德国的银行业务法，全能银行的经营范围是存款、贷款、贴现、信托、证券、基金、投资、担保、保险、汇兑、财务代理、金融租赁等所有金融业务。德国全能银行享有以机构投资者进行证券投资的独占权，还可持有工业、商业和保险公司的大部分股份。上述所有金融业务的参与必须通过银行内不同的部门进行。全能银行的最大特点：一是银行较少通过独立的子公司从事全能业务，而是自己直接从事；二是银行持有商业公司的股份十分普遍；三是银行与保险公司的融合也经常发生，银行还可以通过其子公司从事保险业务。

德国的商业银行是典型的全能银行性质的混业经营体制，是集银行、证券、保险、信托、基金等多种金融中介业务于一体，能够从事吸收贷款业务、存款业务、证券业务、托收承付等业务的全能银行，也就是可以提供全套金融服务的综合性银行。较之全能银行，德国还有一系列专业银行，专业银行只提供专项服务。德国还有一些准银行机构的财务公司，还有由非银行机构主办的提供融资服务的公司。储蓄银行是政府控股的银行，定位是为中小企业客户服务，但随着居民收入的提高和金融业的发展，储蓄银行也逐渐发展成为全能银行。德国的合作银行可以追溯到农村信用合作银行及工商合作银行。合作银行的任务是推动德国银行合作体系的发展，同时也吸收储蓄存款。根据德国联邦银行统计数据，在德国国内，超过90%的手工业企业和小型工商企业的贷款是由储蓄银行和合作银行两大银行集团提供的，德国合作银行也是全能银行。不仅如此，德国的地区性银行和其他商业银行也有分属不同的规模、形式和业务，有一些较大的地区性银行也在全国范围内开展业务。德国全能银行的成功带动了欧洲各国全能银行的发展，成为全世界全能银行模式的典范。

五、国外金融体系对中国的启示

纵观各国的金融发展历程，大多都经历了从混业到分业再到混业的过程。美国和德国作为不同混业经营模式的成功代表，为我国的金融发展提供了良好的指导。

德国的全能银行制度植根于其经济发展中银行与企业紧密相关的历史和相对成熟的法律环境，金融机构也具有上百年历史，我国银行业才刚刚起步，监管力量不足，金融机构抵抗风险能力较弱，适应混业经营的金融监管体系尚未形成，所以德国的这种全能银行模式不适合我国金融业混业经营的发展。然而，德国全能银行中的风险防范体系和中央银行监管系统值得我国学习和借鉴。

美国金融混业经营的历程尤其值得我们关注。一是美国从最初的自然混业经营到分业经营，再到现在的综合混业经营的过程，是在特定经济条件下顺应潮流的发展。因为若要实现综合化的混业经营，不仅需要金融创新的萌芽，更需要具备金融主体产权明晰、自律能力强、金融法制完善和金融监管有力等一系列先决条件，以避免过去自然混业经营状态下给国民经济带来的风险。美国的分业阶段可以看作是为后来的混业创造了健全的监管法律环境。我国目前还需要加强相关的监管制度，健全监管法律规定，为混业经营做好准备。二是美国金融行业格局的转变是通过立法，逐步放宽条件限制，引导金融机构进行小规模并购实现的，这个成功的范例可以应用到我国金融控股公司模式的创建中。三是从监管立法到监管机构现场检查等步骤，遵照“功能监管”的原则，从宏观审慎、微观审慎和消费者保护等方面进行监管划分，避免了旧体系按照金融机构分类监管的弊病，适应了金融创新的需要，减少了监管重复和监管真空的问题。现阶段，我国按照行政部门划分责任的金融监管模式，已经不适应金融控股公司的监管要求，必须从功能监管上重新定位监管内容和相应责任。

因此，我们要从国内外金融改革和发展的历史经验和教训中有针对性地借鉴各国的金融发展成果，对我国的金融发展模式进行再思考。

1. 混业经营是未来金融发展的方向

在经济全球化和金融创新加速的趋势下，金融机构通过各种方式寻求跨行业渗透，不同金融机构在业务层面的差异越来越小，跨市场、跨行业的金融产品和服务日益丰富，非金融企业也纷纷搭建综合经营平台，涉及银行、证券、保险等核心金融业务。混业发展是世界金融发展的主流趋势，也是我国金融体系发展的方向。从宏观方面而言来源于金融行业竞争力提升的要求，微观方面而言来源于金融机构对范围经济和规模经济的追求。金融业的基本功能或本质特征，就在于将资金从富裕者手中转向需要资金进行生产性投资的人手中。作为一种资金中介，不管是从金融服务需求者的便利偏好出发，还是从金融服务供应方规模经济的要求考虑，混业经营都是金融业自身发展的内在要求。

2016 年 10 月，人民币纳入国际货币基金组织特别提款权（special drawing right，SDR），我国资本项目全面对外开放，面临着外资金融机构市场的竞争，如果我国银行业和证券市场、保险市场之间继续保持过于严格的分业经营、分业监管，缺乏良性的经营互动，将严重制约我国银行和证券公司、保险公司各自的竞争力和发展空间。随着利率市场化的提速，互联网金融的冲击，利率的收窄，“金融脱媒”现象愈发严重，倒逼政府出台一系列金融体制改革措施，我国从政策及社会需求等各个层面来看都已经满足了实现混合经营模式的选择环境。

2. 完善金融相关法律法规

通过分析美国和德国的金融体系经营发展历程，金融经营模式的发展伴随着金融相关法律法规的完善，出台与市场经济发展相适应的金融法律法规十分重要。

德国有联邦银行法、银行法两个关于银行制度的立法，对全能银行模式提供了法律基础，德国联邦银行与联邦金融监管总局的密切合作，相互之间的金融信息共享，共同完成了对银行业有效的监督和管理。而美国的金融发展历程就是一部金融法律的发展史，从联邦储备法、格拉斯—斯蒂格尔法、1999 年金融服务法案到多德—弗兰克华尔街改革与消费者保护法，每一部法律的颁布和修订都对金融改革起到了重要作用。

虽然我国金融领域的法制建设取得了长足的进步，《中华人民共和国商业银行法》、《中华人民共和国保险法》和《中华人民共和国证券法》等的颁布对金融产业发展有重要作用，但是还不能适应新形势下金融发展的需要，在金融体系混业发展趋势和影子银行、互联网金融、科技金融快速发展下，法律还需进一步完善，构建符合我国经济发展现状的法律法规对金融体系发展非常重要。

3. 对监管模式的思考

金融体系的发展一直伴随着金融监管体系的改革。不同时期的金融监管制度要与金融发展状况相适应，并且能起到预防金融风险的作用。

对于德国，在 2002 年以前，虽然是混业经营，但却实行分业监管。联邦银行监管局、联邦证券监管局及联邦保险监管局分别负责对银行、证券、保险行业的监管。2002 年之后，德国开始集中由联邦金融监管局来负责对银行、证券、保险等行业的统一监管。改革的实施，其主要原因是因为统一监管能够减少监管空白、重复监管、无效监管，能够增强信息资源共享，实现监管资源的有效配置，从而提高监管效率。

而对于美国，监管体制错综复杂，主要是双线多头监管。双线是联邦政府和州政府两条线，多头是对于银行、证券、保险监管存在联邦和州两条线的多个监管主体。但在金融危机之后，2008 年 3

月，美国财政部公布了《现代金融监管架构改革蓝图》，提出了以目标为导向的金融监管，从宏观审慎监管、微观审慎监管和行为监管三个层面提出了机构设置的依据，成为金融监管的又一个里程碑，被英国、荷兰、澳大利亚等国所采纳。

我国目前的金融监管体制仍然是“一行两会”的分业监管，随着金融全球化及我国金融改革的深化，我国的分业监管模式面对着严峻的挑战，存在着缺乏有效的协调机制、监管方式单一、行业制度与金融监管存在冲突等重大问题。因此，从德国和美国的金融监管制度的变迁当中我们可以有所借鉴，更好地适应混业监管趋势并且更好地防范金融风险。

第四节　我国金融发展的展望

我国的金融改革和发展进程一直是基于对国外金融历史和经验的学习。前事不忘后事之师，国外金融发展进程中的经验和教训我们都必须积极吸取。作为一个新兴的发展中国家，我们有后发的优势，吸收和借鉴国外金融发展经验和教训，对于推进我国金融业的改革和发展，保持国家金融体系的稳定和整个国家的经济安全有着重要的意义。

1. 探寻适合我国体制的金融发展模式

每个国家不同发展阶段的金融模式都是在适应当时经济金融发展需求的基础上产生和发展的，都依赖于各国的政治经济文化的特征，无论是分业还是混业都是适合一定的经济和金融环境的。美国经过了 60 多年的分业经营才走上混业经营的道路，德国也是经过了半个世纪的探索才确立了全能银行的混业经营模式，因此，金融经营模式的转变和确定都不是一蹴而就的，要在时代潮流的趋势下逐步有序地发展。

我国可以在国外金融体制探索的基础上，建立一种结合分业和混业两者优势的运行体制，以适应我国目前分业监管模式下的混业经营发展趋势；并结合混业模式中金融控股公司和全能银行的优点，选择适合我国经济体系的经营模式。

2. 加快金融立法进程

通过立法将金融发展纳入法制轨道，以提高国家金融体系的稳定性，有利于国家的金融安全。

首先，改革并不断完善现有的金融法律规范，对包括《中华人民共和国中国人民银行法》《中华人民共和国商业银行法》在内的原有金融法律法规进行修订和完善，将各类金融市场（包括衍生品市场）、金融机构（包括影子银行、互联网金融等）纳入监管范畴，扩大法律的覆盖范围，填补监管空白，加强法律的可操作性。其次，严格金融执法。要从维护金融安全的重要性出发，强化金融执法的力度，真正实现法律面前人人平等。严格执行市场准入、市场交易和市场退出的相关法规，建设良好的金融运行软环境。

3. 提高金融监管的效率和覆盖面

积极借鉴国际经验，从宏观金融监管、微观金融监管和行为金融监管三个层面构建监管模式，将宏观审慎、微观审慎和消费者保护的目标纳入金融监管，对金融体系进行全方位多层面的监管，提高金融市场的透明度，加强对消费者和投资者的利益保护，以实现对系统性和非系统性金融风险的监控和消费者的全面保护。

第五节　本章小结

中国的金融体系起步较晚，经历了从“大一统”到分业经营，再到分业经营为主、混业经营并存的阶段。目前中国在对外开放和金融创新的驱动下，混业经营趋势突显。在此背景下，学习典型发达国家的混业经营模式具有重要的现实意义。

本章对美国和德国的金融发展历程以及美国的金融控股公司和德国的全能银行的混合经营模式进行分析，对比中国的金融发展历程，得出无论是哪个国家，经济的快速发展都与其随着历史的发展而选择与时代相呼应的金融经营体制密切相关，而当前金融混业发展是顺应时代需求和金融经济发展的大势所趋。因此，我国应该从三方面进行金融改革：首先，应该探寻适合我国体制的金融发展模式，结合分业和混业两者优势，金融控股公司和全能银行模式的优点，逐步实现混业经营发展；其次，加快金融立法进程，完善金融相关法律，并严格执法，将金融发展纳入法制轨道；最后，提高金融监管的效率，从宏观审慎、微观审慎和行为监管三个层面，实现对系统性风险和非系统性风险的防范和消费者权益的保护。

第四章

金融产业复杂性特征的研究

第一节 金融产业系统复杂性特征的理论探索

系统是由一定边界范围内部相互作用的多个元素构成的有机整体。而金融产业包含多个行业和大量的参与主体，各行业和主体之间相互作用，是一个开放的、多层次的、包含多个子系统的复杂经济系统（Bonanno et al.，2001）。对金融产业系统复杂性内涵的界定是研究金融产业系统演化发展的首要问题。特别是在金融危机之后，金融产业的复杂性、不确定性已经引起了学者们的广泛关注（Caballero & Simsek，2009）。

国内外学者对复杂性系统特征的分析主要包括系统的巨量性、多层次性、耦合性、介稳性、开放性及涌现性等方面（成思危，1999）。对于我国的金融产业其内部结构层次多、参与要素属性种类繁多、变量关联程度和方式丰富，并具有时间上的滞后性或空间上的分离性、强耦合性等特征（张群等，2017），以系统的方式呈现的复杂特征可以归结于结构上的相关性、作用上的非线性和功能上的适应性。具体表现在以下七个方面。

1. 自组织性

金融产业中不存在最高级的决策者掌握所有信息并给出统一指令，相反，金融市场中信息是分散的，各子系统和各金融主体之间存在信息不对称性，每个子系统和主体都只能掌握局部信息。即便如此，金融产业系统作为一个开放系统，在外界政治经济环境的变化与内部各子系统及构成要素的非线性竞争与合作的相互作用下，不断地层次化、结构化，自发地从无序状态走向有序状态或由有序状态走向更为有序状态，使得金融产业系统作为一个整体稳定有效运行。

2. 非线性

金融产业系统中各子系统和各主体之间的作用非常复杂，是非线性的，甚至是多重反馈的因果关系。对产业系统整体的研究不能由各子系统或各主体的行为相加而得，这样会造成不可预测的复杂性。这种非线性相互作用表现为金融产业各子系统和各主体之间存在相互依存或者竞争的关系，在金融产业系统中的各主体之间、主体与子系统以及系统与外部环境之间都拥有反馈能力，能够从复杂相互作用中不断学习，不断完善。非线性特征也说明对金融产业系统的研究不能通过线性数学的方法进行描述。

3. 不确定性

不确定性是非线性的表征。金融产业系统的整体秩序取决于多子系统的秩序或者规则，同样，各子系统也取决于它的次级构成要素的秩序。金融产业系统这种相互嵌入的结构，加上信息不完全、不准确、无意地传播，以及金融主体各方面能力的差异，非简单径直的非线性发展路径使得金融产业系统最终呈现的结果是不确定的。不过，各子系统也正是利用这种特征进行有效竞争，并为金融产业带来创新和活力，同时使整个金融产业系统维持着更高意义上的稳定性。

4. 多样性和多层次性

金融产业系统是一个多样性的系统。一方面，金融产业系统包含多个子系统和大量的市场主体，具有不同运动形式、特征时间尺度和特征空间尺度的层次结构。金融产业系统的层次可体现在发行与流通、场内与场外、直接融资与间接融资、主板市场与二板市场、大中银行与小银行、城乡金融市场以及所有制性质等方面，各层次的差异性较大。虽然各层次的金融主体都以获得利益为目标，但各层次中金融主体的知识储备、对信息的把握能力以及投资水平千差万别，在追求利益的过程中方式方法差异较大，具有多样性。另一方面，由于金融产业系统的各子系统和主体具有反馈能力，在外部政治经济环境发生变化时，金融产业系统能够自我调整以适应这种变化，在自适应性的过程中不断地学习、创新，从而造成了多样性。

5. 进化性

生物学中适者生存的进化方式同样适用于金融产业系统。随着金融市场的不断发展，金融主体之间的竞争愈发激烈，金融产业系统中有的主体被淘汰，也有新的主体进入市场，保持着金融产业的不断向前发展。在竞争市场中的金融主体为了不被淘汰会做出一些创新性的改变，提高服务质量，增加新的金融交易品种，设置更加灵活的交易规则，或者出现适当的监管规则对其他金融主体进行约束。虽然这些创新性的改变不一定是最佳的创新，但创新改变所带来的多样化抉择能够使得金融产业系统往健康的方向发展，带来系统的不断进化。

6. 开放性

在金融全球化、一体化的趋势下，我国的一般项目和资本项目都实现了对外开放，我国的金融产业与国际金融的关系更加密切。在此背景下，金融产业系统的生存环境更加开放，金融产业系统与环境在宏观层面的交互作用以及各子系统之间、金融主体之间在微观层面的交互作用，使得在演化发展过程中与外部环境不断地进行物质、能量与信息的交换。金融产业系统在复杂的国内和国际竞争环境中，要不断地引入新的能量流，淘汰自身不好的物质能量流，在开放性的背景下促使金融产业表现出自组织的适应性行为。

7. 涌现性

金融产业各子系统和主体之间竞争和合作的相互作用是复杂系统的关键要素，当建立的相互作用加到一个阈值，金融产业系统中绝大多数的参与主体就会与其他参与主体发生间接联系。当大量的金融主体组合起来，金融产业系统就显示出整体的规律和特性，使得整个系统涌现出单独或部分金融主体不具有的整体行为，即涌现性，所以金融产业系统的整体大于部分之和，具有不可预测性和层次之间的不可还原的特征。在时间尺度上表现为短周期内的随机性和长周期内的相关性，在空间结构上表现为金融产业系统是整体结构性和局部随机性的统一。

综上可知，金融产业系统是一个复杂系统，可以描述为：金融产业系统的运行没有统一的组织者，市场信息存在不对称，系统中存在多个子系统和大量的金融主体，各主体具有独立性和差异性，相互之间存在非线性的竞争与合作交互作用，这些相互作用伴随着与外界环境物质能量流的交换。这些交互作用以及支配这些交互作用的规则导致金融产业系统形成稳定的整体结构，并且由于系统具有适应性和创新性，即使某一个金融主体被淘汰了，金融产业系统整体仍能继续发挥作用，不断自我进化，以实现有序运营。因此，本章的研究将金融产业视为一个复杂系统，在其复杂性特征的基础上采用复杂性科学相关方法进行研究。

第二节　金融产业复杂性特征的实证研究

随着市场经济的发展，金融在国民经济中具有举足轻重的地位，金融机构种类和规模的日益发展也对经济增长具有重要的支撑作用。据统计，如图 4－1 所示，截至 2019 年末，我国金融业机构总资产为 318.69 万亿元，同比增长 8.6%，其中，银行业机构总资产达到 290 万亿元，占比超过九成，银行业金融机构达到 4500 多家，规模居全球前列，可见银行业的发展对金融产业的平稳运行具有关键性作用。而证券业和保险业机构总资产分别为 8.12 万亿元和 20.56 万亿元，所占金融业总资产比例分别为 2.55% 和 6.45%，证券公司和保险公司分别为 130 多家和 230 多家。相比银行业，证券业和保险业占金融产业总资产的比重很小（见图 4－2）。

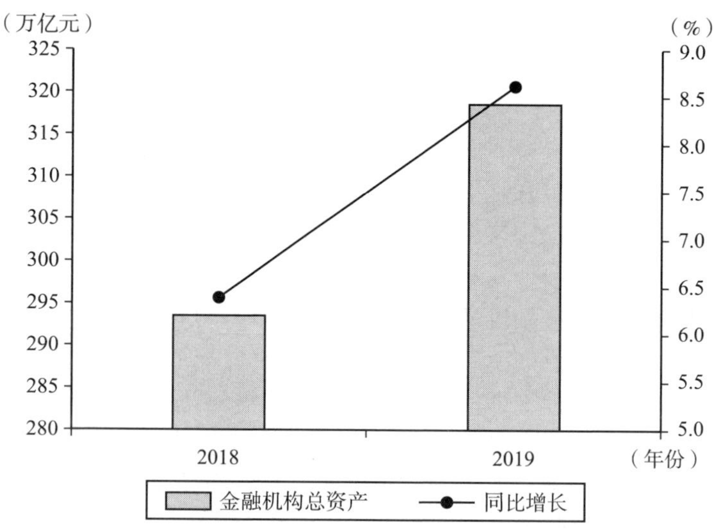

图 4－1　2018～2019 年金融业机构总资产变化

资料来源：中国人民银行。

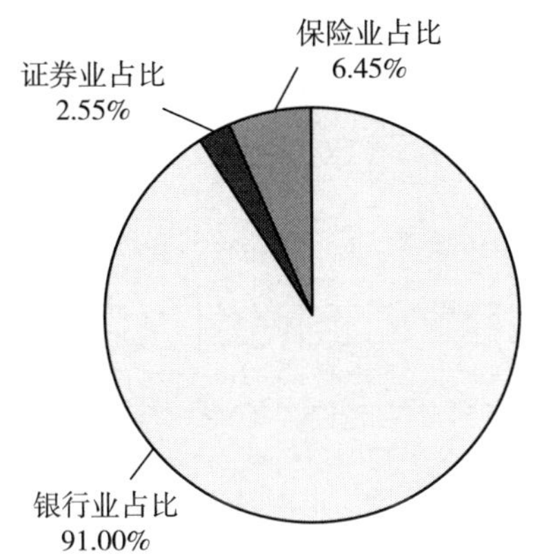

图 4-2　2019 年各资产占金融业总资产比例

资料来源：根据中国人民银行、中国银保监会数据计算得出。

一、金融产业系统的非线性检验

1. 正态分布检验

根据 2004 年 1 月至 2019 年 12 月银行业金融机构总资产（*BANK*）、股票总股本（*SEC*）和保费收入（*INS*）这三项金融产业系统指标的对数序列作为检验依据，对其进行正态分布检验，可以得到其描述性统计量，如表 4-1 所示。

从金融产业系统指标对数序列的描述性统计量可以看出：

第一，正态分布比在均值附近有更大的密度，偏度指标都小于 0，表现出左偏特征。银行业金融机构总资产、股票总股本和保费收入的峰度在 1.75～2.26 之间，均小于 3，表示与正态分布相比，这三项指标的分布均呈现出平峰状态。

第二，金融产业系统指标的对数序列在 3 个标准差之外出现的点显著多于正态分布出现的点，以此说明序列分布厚尾性特征明显。

表 4-1　　金融产业系统指标对数序列的描述性统计量

变量	均值	中值	最大值	最小值	标准差	偏度	峰度	统计量	接受原假设概率 p	正态分布
ln*BANK*	13.8407	13.9280	14.8525	12.5605	0.7145	-0.2539	1.7514	14.5346	0.0007	拒绝
ln*SEC*	10.1017	10.3034	11.0313	8.6951	0.7039	-0.6390	2.2603	17.4450	0.0002	拒绝
ln*INS*	16.3263	16.3581	17.5023	14.9061	0.7217	-0.2123	1.9457	10.3338	0.0057	拒绝

第三，从正态性检验的 J-B 统计量值可以看出，金融产业系统这三个指标的对数序列的 J-B 统计量值在 10.33～17.45 之间，可见数值比较大，并且其对应的概率 p 值接近于 0，因此拒绝为正态分布的假设，金融产业系统指标的对数序列分布呈现出非正态性。

由此可见，金融产业系统指标的这三个对数序列既不服从正态分布，其标准差又不按 $T^{1/2}$ 法则缩放，呈现出尖峰厚尾特征，所以金融产业表现出随时间变化的易变性。

2. 自相关性检验

首先对银行业金融机构总资产、股票总股本和保费收入三项指标的对数序列进行 ADF 单位根检验，结果发现，不论是在 90%、95%，还是 99% 的置信度下，序列均是平稳序列。在此基础上，分别对三个序列进行自相关函数与偏自相关函数的估计。

金融产业自相关和偏自相关函数值的大小并没有随着时滞的增加而呈现出明显的变化趋势，随着时间间隔的增加，金融产业信息的重要性并没有随之而减弱。因此认为金融产业时间序列不存在明显规律性，没有固定的周期性变化，而是呈现出随机性特征，具有非线性相关关系。

因此，虽然金融产业系统三项指标的对数序列是平稳的，但是它们又呈现出一些非线性特征，如过度的偏度和峰度、随时间变化的易变性，以及非线性相关性，说明金融产业系统不是一个简单的线性系统，而是一个复杂的非线性系统，需要用复杂性科学的理论和方法对其进行研究和分析。

二、银行业系统的混沌特征分析

金融产业系统内部多个主体相互作用，对金融市场的波动和演化发展产生影响。对金融产业的认知需要分析其波动的内在随机性和运行过程中的非均衡性，以便发掘金融产业变化发展的本质规律。而银行业金融机构总资产的变动是金融产业变化发展的主要表现，银行业金融机构总资产的不规则变化往往没有明显的外部预兆，因此，通过混沌理论探索银行业金融机构总资产变动的内在随机性和初值敏感性。目前，基于混沌理论判别时间序列的常见方法有功率波谱法、Poincare 截面法、主成分分析法、关联维和 Lyapunov 指数法，本章采用关联维和 Lyapunov 指数法。

1. 关联维分析

在相空间重构理论中，银行业系统内的任一变量是其他与之相互作用的变量共同决定的。因此，可以通过某一变量的演变找出系统原来的规律，这个规律表明了高维相空间下的一种运动变化的轨迹。

运用饱和关联维数（G－P）算法对银行业系统进行相空间重构和关联维计算。首先选定一个正数 r，然后计算 N 个点在重构相空间中的相互距离，再观察有多少点对之间的距离 $|y_i - y_j|$ 小于正数 r，把这些点称为有关联的点。假设在银行业系统的重构相空间中有 N 个点，计算这 N 个点中有关联的点的对数在所有可能的 N^2 中所占的比例，被称为关联积分，它可以表示为：

$$C_n(r) = \frac{1}{N^2}\sum_{i,j=1}^{N}\theta(r - |y_i - y_j|) \tag{4.1}$$

其中，$\theta=\begin{cases}0, & x\leqslant 0\\1, & x>0\end{cases}$，适当地选取 r，使得存在属于 r 的某个区间，有 $C_n(r)=r^D$，其中，D 被称为关联维数。

本章选择 2004 年 1 月至 2019 年 12 月银行业金融机构总资产的时间序列 $x_1, x_2, \cdots, x_{N-1}, x_N(N=192)$ 研究银行业的变化发展特征。利用 MATLAB 软件编程，分别计算出不同嵌入维 m 下的 $C_n(r)$，$\ln C_n(r)$ 和 $\ln r$，得到 $\ln C_n(r)-\ln r$ 的相关积分图，如图 4-3 所示。

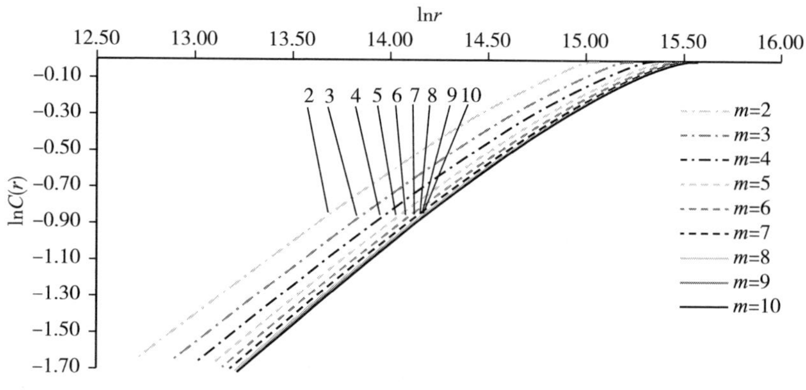

图 4-3　银行业系统 $\ln C_n(r)-\ln r$ 的相关积分

可以看出，随着嵌入维 m 的不断增大，$\ln C_n(r)-\ln r$ 的相关积分图也不断靠近，即认为关联维数也逐渐收敛为一个值，根据 MATLAB 程序计算，得到关联维 $D=3.6419$，饱和维数为 $m=5$，奇异吸引子的关联维数不为整数而为分数，则表明银行业系统的运行具有内在随机性，处于混沌状态。这说明银行业的变化发展具有不可预测性，使得银行业呈现出混沌系统的内在随机性。

2. 最大 Lyapunov 指数分析

如果一个系统是处于混沌状态的，那么在相空间中，它的演变轨迹是十分依赖初始条件的，这种依赖可以用 Lyapunov 指数来说明。而在识别混沌特征时，一般只计算最大 Lyapunov 指数。

采用 Wolf 法计算银行业系统时间序列的 Lyapunov 指数，研究相空间中两个相邻点映射作用下指标的发散程度，估计银行业系统的混沌程度。首先，对银行业系统的时间序列进行相空间重构，方法与关联维检验部分相同。其次，选择重构的相空间中距离较近的两个点，距离设为 L。在经过固定的时间间隔 t 之后，两点之间的距离变为 L'，$\frac{L'}{L}$可以表示轨道的发散程度。若距离变长，就继续找一个距离较近的点作为替代点，但要使两点连线与原来两点连线之间的夹角尽可能小，再求出一个比值，得到发散程度的描述值。如此继续上述过程，直到该银行业系统时间序列的终点，总的迭代次数用 M 表示。对求出来的值进行对数平均，即得到了序列的最大 Lyapunov 指数：

$$\lambda_1 = \frac{1}{t}\sum_{j=1}^{M}\ln\left[\frac{L'(t_j+1)}{L(t_j)}\right] \tag{4.2}$$

对于银行业系统甚至任何一个系统，只要有一个 Lyapunov 指数为正，那么就可以定义该系统为混沌系统。

与关联维检验部分所选序列相同，仍然选择 2004 年 1 月至 2019 年 12 月银行业金融机构总资产的时间序列。通过 MATLAB 编程，首先运用 C－C 算法计算出银行业金融机构总资产序列的时间延迟 $t=7$，空间嵌入维数 $m=5$；然后利用最大 Lyapunov 指数程序输入，得到序列的最大 Lyapunov 指数 λ_1 为 0.0216，说明银行业金融机构总资产对初始数据的敏感程度为 0.0216。根据 Lyapunov 指数的判定，只要存在一个大于 0 的 Lyapunov 指数，就可以判定银行业系统的混沌特性。因此，银行业金融机构总资产的时间序列在 Lyapunov 指数大于 0 的方向初值相邻的两轨线迅速分离，对初始条件的变化表现非常敏感，运动呈现混沌状态，具有初值敏感性的混沌特征。银行业的不稳定是内在随机性的体现，也是初值敏感性的原因所在，同时，初始条件敏感性也是银行业系统内在随机性的反映。

综上所述，通过对银行业系统指标的时间序列进行相空间重构的关联维和最大 Lyapunov 指数的计算，得到分数型的关联维数和正的 Lyapunov 指数，由此判断出银行业具有内在随机性和初值敏感性的混沌特征。然而，金融产业的非线性特征不仅表现在银行业金融机构总资产的异常波动，还往往伴随着证券公司股票总股本和保险公司保费收入的不规则变化。因此，下面将结合证券公司和保险公司的相关指标研究银行业系统的复杂性特征。

三、证券业和保险业影响下的银行业系统耗散特征分析

接下来将证券业和保险业作为银行业的外部影响因素，对银行业系统的耗散特征进行实证分析，检验银行业系统的有序性，并结合耗散熵值法所计算出的各项指标的熵权值，进一步对银行业系统的分形特征进行实证检验。

银行业是一个开放性的系统，需要不断与外界进行信息交换，打破平衡态，并且银行业的影响因素在某些情况下可能跳跃，使得银行业发展出现“涨落”的现象。因此，银行业系统具备耗散结构形成的条件，需要用耗散结构理论对其进行研究和分析。耗散结构理论认为银行业系统的无序是由内部因素相互作用产生的，而有序则是由外部因素所引起的，因此，在本章的研究中，银行业系统的熵值由两部分构成，一部分是银行业金融机构相互作用形成的正熵值，另一部分是证券业和保险业外部作用形成的负熵值，公式为：

$$dS = d_1S + d_2S \tag{4.3}$$

其中，d_1S 表示正熵，d_2S 表示负熵。据此分别计算银行业系统的正熵值与负熵值。

在计算熵值之前，由于每个指标的计量单位不一致，需要对其进行标准化处理。首先，对每一项指标的数据进行对数函数转换，

转化为 0 ~ 1 之间的数，实现数据标准化。

其次，利用公式：

$$p_{ij} = \frac{x_{ij}}{\sum_{i=1}^{n} p_{ij}\ln(p_{ij})} \tag{4.4}$$

其中，$i=1$，…，n；$j=1$，…，m；n 表示所要计算的指标的个数；m 表示每一项指标的样本个数；x_{ij} 为标准化后每项指标的数据；p_{ij} 为每个指标值的权重。计算每个标准化后的数据占该数据所在指标的比重，并得到一个 3×192 的比重矩阵。

再次，计算每项指标的熵值：

$$e_i = -k\sum_{i=1}^{n} p_{ij}\ln(p_{ij}) \tag{4.5}$$

其中，$k=1/\ln(n)>0$，n 表示每一项指标的样本个数。所得指标的熵值 e_i 越小，表明该项指标在系统中的差异性越大。而这种差异又可以用差异系数 g_i 来表示：

$$g_i = 1 - e_i \tag{4.6}$$

若一项指标的差异系数越大，那么它的权重也就越大，对系统内子系统的影响也就越大，每一项指标的熵权值用 λ_i 来表示：

$$\lambda_i = \frac{g_i}{\sum_{i=1}^{n} g_i} \tag{4.7}$$

最后，通过计算出来的每一项指标的熵权值，得到银行业系统的正熵值 d_1S 和负熵值 d_2S：

$$d_1S = d_i(x_i) = \sum_{i=1}^{n} \lambda_i e_i \tag{4.8}$$

$$d_2S = d_i(x_i) = -\sum_{i=1}^{n} \lambda_i e_i \tag{4.9}$$

其中，$\lambda_i \geqslant 0$，$\sum_{i=1}^{n} \lambda_i = 1$。综合正熵值 d_1S 和负熵值 d_2S 的结果即可通过公式（4.3）得到银行业系统的总熵值 dS。

从熵值的正负来进行判定：若熵值为正，表明正熵值起主导作用，系统为非耗散结构；若熵值为负，表明负熵值起主导作用，系统为耗散结构，呈现有序的状态。并且负熵流越强，系统的有序程度越高。

耗散特征分析所选取的序列为2004年1月~2019年12月金融产业系统的银行业金融机构总资产、股票总股本和保费收入这三项指标，利用MATLAB软件编程，得到的熵值 e_i、差异系数 g_i、熵权值 λ_i 和熵值 d_i 如表4－2所示。

表4－2　银行业系统的耗散熵值法估计结果

指标 i	熵值 e_i	差异系数 g_i	熵权值 λ_i	熵值 d_i
BANK	0.999747	0.000253	0.279717	0.279646
SEC	0.999533	0.000467	0.515497	－0.515256
INS	0.999814	0.000186	0.204785	－0.204747

根据表4－2的估计结果，可得出银行业系统的正熵值 $d_1S=0.279646$，负熵值 $d_2S=-0.720003$，总熵值 $dS=-0.440357$。总熵值 dS 为负，说明银行业系统中由证券业和保险业作用的负熵流起主导作用，银行业系统具有耗散结构，并且处于有序状态。可见，任何一个封闭的系统都将对内部发展产生不利的影响，而系统与外部环境之间不断的物质能量交流，可以使系统形成新的有序结构。银行业系统正是由于受到证券业和保险业的影响，以及负熵流的出现，才使系统朝向更有序的方向发展。

进一步分析可知，对于银行业系统，熵权值 λ_i 最大的指标是股票总股本（*SEC*），权重为0.515497，这说明证券市场股票变动对银行业系统的影响最为显著，其次是银行业金融机构自身（*BANK*），权重为0.279717，最后是保险业子系统（*INS*），权值为0.204785。由于本章认为 *SEC* 属于银行业系统中的负熵流，是银行业的外部影响因素；而 *BANK* 属于银行业系统中的正熵流，是银行业内部的影响因素，这说明外部因素 *SEC* 比内部因素 *BANK* 对银行业系统整体有序程度的影响更为显著。资本市场中以银行为代表的债权市场和以证券为代表的股权市场具有相互替代性，因此，在应对银行业的变化发展时，不仅需要关注银行业金融机构自身的状况，还需要重点关注证券市场的变化。

四、证券业和保险业影响下的银行业系统分形特征分析

金融产业系统指标存在“尖峰厚尾”的分布特征，使得传统的有效市场理论受到质疑，随着分形市场理论的出现和普及，已有学者从分形特征角度研究金融市场波动的特点，本书也将基于分形理论对金融产业系统的自相似性进行研究。本书主要采用传统的且最具有代表性的 *R/S* 分析法，利用 Hurst 指数来判断银行业系统的自相似特征。

R/S 分析法即重标极差分析法，是由英国水文学家赫斯特（Hurst）于 1951 年提出的，最初用于研究尼罗河水库的水流量与贮存能力之间的关系，后来被广泛运用到其他时间序列的研究分析中。该方法可以判别银行业系统中的分形时间序列和随机序列，揭示其非线性系统的内在特征。根据银行业系统指标的时间序列数据，按照 *R/S* 分析法计算出 Hurst 指数，模型如下：

$$\ln(R/S)_n = \ln C + H \times \ln n \tag{4.10}$$

其中，$\ln n$ 和 $\ln(R/S)_n$ 分别为解释变量和被解释变量，R 为重新调整后的极差，S 为标准差，n 为时间长度，R/S 为重标极差，C 为常数项，H 为斜率，即 Hurst 指数。

H 取值在 0 ~ 1 之间，当 $H = 0.5$ 时，说明银行业系统中该序列为独立序列，不具有相似性；当 $0 \leqslant H < 0.5$ 时，说明银行业系统中该序列具有反持久性，下一期的趋势与上一期的趋势相反，即如果序列的上一期递增，那么下一期则是递减，反之亦然；当 0.5 <

$H \leqslant 1$ 时，说明银行业系统中该序列具有持久性（也称长记忆性），下一期的趋势与上一期的趋势相同，即如果序列的上一期递增，那么下一期则也是递增，也表明其具有分形的自相似性特征，且 H 值越接近于 1，该序列的自相似性特征就越强。

根据上述方法，结合2004 年1 月至2019 年12 月银行业金融机构总资产（*BANK*）、股票总股本（*SEC*）和保费收入（*INS*）三项指标的数据，利用 MATLAB 软件编程，估计出 H 值，估计结果如表4－3 所示。

表4－3　　银行业系统指标的 *H* 值估计结果

指标	*BANK*	*SEC*	*INS*
H 值	0.9287	0.9083	0.7629

从各序列的 H 值估计结果可以看出，银行业系统中银行业金融机构总资产、股票总股本、保费收入这三个序列对应的 Hurst 指数均位于（0.5，1］区间内，表明这些序列均具有长记忆性，其变化趋势受之前状态的影响，具有正向的持续性，也说明银行业系统具有分形特征。其中，*BANK* 表示的银行业金融机构总资产的 H 值最大，说明其自相似性最强，受之前资产变化状态正向的持续性影响最大。

结合耗散熵值法中的熵权值 λ_i，进一步分析证券业和保险业影响下银行业系统的分形特性，运用公式（4.11），得到一个综合的 Hurst 指数，用于衡量证券业和保险业作用下金融产业系统的总体分形特征。

$$H^* = \sum_{i=1}^{n} H_i \lambda_i \tag{4.11}$$

其中，H^* 表示综合的 Hurst 指数；$i=1, \cdots, n$；n 表示所要计算的指标的个数；H_i 表示各指标的 Hurst 指数；λ_i 为各指标的熵权值。

代入数据得到 H^* 值为 0.8842，仍然位于（0.5，1］范围内，由此可以判断出证券业和保险业影响下的银行业系统不是一个随机游走的有效市场，而是一个具有长期记忆性特征和自相似性特性的非线性系统。这主要是由于证券业和保险业的变化通过复杂的传导机制和对银行业产生持续性作用，造成银行业金融机构总资产也出现持续增加或减少的群聚性变化。

因此，在对银行业进行调控时不仅要认知银行业系统内部的变化特征，还要分析银行业系统外部因素的特点及其影响程度的差异性，对于具有持续性影响的证券业和保险业，要尽量维持其稳定性，进而促进银行业的平稳健康发展。

第三节　本 章 小 结

本章首先对金融产业的复杂性特征进行了理论探讨，并结合2004 年 1 月 ~2019 年 12 月期间的金融产业及相关变量数据，运用复杂性科学的方法，揭示证券业和保险业影响下的银行业系统的复杂性特征，具有重要的理论价值和现实意义。

首先，金融产业是一个复杂的系统，具有自组织性、非线性、不确定性、多样性、进化性、开放性、涌现性等特征。结合非线性检验可知，金融产业系统中的各指标序列虽然是平稳的，但呈现出过度的偏度和峰度、随时间变化的易变性，这说明金融产业系统的复杂性显现，需要用复杂性理论和方法进行深入研究和分析。

其次，银行业系统表现出混沌系统的内在随机性和初始值敏感性。通过关联维分析，随着嵌入维 m 的不断增大，银行业金融机构总资产序列的关联维数逐渐收敛到 3. 6419，饱和维数为 $m=5$，这一关联维数为分数，说明银行业金融机构总资产的变动具有随机性和不可预测性；并且存在一个大于 0 的 Lyapunov 指数，说明银行业金融机构总资产在 Lyapunov 指数大于 0 的方向初值相邻的两轨线迅速分离，对初始条件的变化表现非常敏感，呈现出混沌特征。因此，银行业自身的混沌特征往往会导致银行业金融机构总资产的异常波动等现象。

再次，对证券业和保险业影响下银行业的耗散特征进行分析，综合银行业系统内部的正熵值 $d_1S=0.279646$，以及证券业和保险业外部的负熵值 $d_2S=-0.720003$，可得总熵值 $dS=-0.440357$，说明银行业系统中由证券业和保险业的负熵流起主导作用，整个银行业系统处于有序状态，具有耗散结构的特征。

最后，对证券业和保险业影响下银行业系统的分形特征进行分析，结合系统中各指标序列的 Hurst 指数与耗散结构分析中的熵权值，得到了证券业和保险业影响下银行业系统的综合 Hurst 指数为 0.8842，位于（0.5，1］区间内，说明证券业和保险业影响下银行业系统是一个具有长期记忆性特征和自相似性特性的非线性系统，即具有分形结构特征。因此，对银行业进行调控时，要保证外部政策实施的稳定性，促进以银行业为代表的金融产业的健康稳定发展。

根据上述研究结论，本章提出以下三点建议。

第一，银行业自身具有非线性、随机性和初值敏感性等特征，无法实现自我有序发展的状态，需要依靠外部环境对其产生的作用来进行调控，由于证券业和保险业对银行业的发展具有重要影响，尤其是证券市场股票的变动，于是可以通过合理利用证券业和保险业的各项政策对银行业进行干预和影响，从而实现银行业的有序发展。

第二，金融产业的变化影响社会经济的健康发展，且金融市场主要包含银行、证券和保险三大板块，而银行业在整个金融体系中居于主导地位，所以要高度重视银行业的发展对金融产业的影响，注重协调发展金融机构的总类和规模，降低间接融资的比例，实现多元化发展。

第三，以银行业为代表的金融产业的发展具有连续性和长期性，通过外部政策对金融产业进行调控具有较长的反应时间和较复杂的调节机制，因此，在政策的颁布和实施过程中需要注重连续性和稳定性，以期维持金融产业的稳定发展，以及实现整个国民经济的健康平稳运行。

第五章

我国金融产业系统运营状态的协同评价研究

第一节　研究背景

金融是经济的核心，金融产业是支撑经济发展的关键要素。我国自改革开放以来，金融事业取得了长足的进步，不仅金融资产总额有了明显提高，而且金融制度、金融体系、金融市场等都得到了有效的拓展和完善，所取得的成绩令世界瞩目。但是，由于我国存在经济基础薄弱、金融发展经验缺乏、地域和城乡经济发展不均衡等限制因素，在金融改革推进过程中出现了金融资产分布不合理、中小企业融资难等问题，金融产业已经难以支撑当前经济发展和产业结构升级的新需求，金融失衡问题日益突出，成为制约我国金融效率提高和经济结构调整的主要因素。针对现阶段金融产业出现的问题，有必要对金融产业的运行现状进行科学的分析评价。

金融产业一般指生产金融产品或提供类似服务的经营单位的集合，涵盖银行业、证券业、保险业等行业。而系统是由一定边界范围内部相互作用的多个元素构成的有机整体。金融产业系统是一个开放的、多层次的、包含多个子系统的复杂经济系统，具有非线性、自组织性、时滞性等特征，金融产业系统内部各子系统之间也存在着复杂的交互行为。因此，对金融产业系统运营状态进行评价，需要在揭示其复杂性、非线性特征的基础上，考虑金融产业系统内部各子系统之间的相互作用。

而非线性科学方法的发展为金融产业系统评价提供了新的手段。现有金融产业评价的研究往往只针对某一个金融行业，难以揭示金融产业系统整体的状态，并且研究方法多采用数据包络分析模型（DEA）、主成分分析法、因子分析法等综合评价法，这些方法基于线性理论基础，对于金融产业系统这类充满非线性特征的复杂问题有一定的局限性（沈军，2006）。随着金融产业系统开放性和金融环境复杂性的不断提高，金融产业系统评价的科学性要求越来越突出，非线性科学的发展恰好为解决此类问题提供了科学方法。

因此，本章结合我国金融产业系统的实际运营情况，通过非线性科学中协同论并结合灰色关联模型 GM（1，N），构建金融产业系统的协同度评价模型和金融产业各子系统的灰色协调发展关系模型，综合考虑金融产业子系统之间、子系统自身相互作用对市场运营状态的影响，对金融产业系统协调有序运营状态进行评价，为科学地认知金融产业系统的运营状态提供依据，为政府推进我国金融产业持续发展提供理论参考和方法支持。

第二节　国内外研究现状

金融产业如何评价是学者们研究的热点，国内外学者对此做了大量的研究，并取得了一定进展。学者们通过构建指标体系对金融产业进行分析，如李健和贾玉革（2005）从要素、功能和效率的角度提出了金融结构合理性的评价标准，设计了一套涵盖金融产业结构、金融市场结构、融资结构、金融资产结构、金融开放结构五个方面的金融结构分析指标体系。但从整体上衡量金融结构难以揭示不同金融产业对金融产业结构的影响。部分学者针对银行、证券等某一金融产业进行研究，提出了从流动性、盈利能力等方面设计评价指标，如赵永乐和王均坦（2008）提出了影响商业银行效率的五种能力，分别是盈利能力、抵御风险能力、流动能力、资源配置能力和创新能力；同样，郭翠荣和刘亮（2012）从规模、盈利性、安全性、流动性、市场占有能力和发展能力六方面构建商业银行竞争力评价指标体系；而顾海峰和刘丹丹（2015）从偿债能力、盈利能力和风险控制能力三方面衡量中国信托公司的运营效率。

在构建指标的基础上，学者们又进一步对金融产业运营进行评价。基于 DEA 模型，周逢民等（2010）和张鹤（2011）普遍发现国有商业银行（保险公司）的技术效率普遍低于股份制商业银行（保险公司），且认为技术效率无效是由于规模效率无效引起的；张学涛等（2011）得出我国证券业整体生产效率水平不高，并且多数证券公司效率持续性较弱。基于因子分析法，王成辉（2006）从规模和效率两方面对保险业的竞争力进行研究，得出中资保险公司应尽可能从多方面提高经营效率，而外资与合资保险公司可以按照自身经营战略扩大经营规模；而郭翠荣（2012）对商业银行竞争力进行评价，发现不同商业银行对应因子排名与最后的综合排名不完全一致，说明商业银行各因子间发展不平衡。利用主成分法，迟国泰（2009）得出人均利润额和资产利润率等盈利性指标对商业银行竞争力影响较大；孙蓉（2013）认为全面风险管理因素在综合绩效评价中至关重要，寿险公司的综合经营绩效高于财险公司，外资保险公司的综合经营绩效高于中资保险公司。基于层次分析法，雷婷婷（2012）将金融业分为银行业、保险业和证券业三类，构建金融可持续发展的指标，并对指标的权重进行计算。但是，沈军（2006）将金融效率的实证方法归类为综合评价方法与非线性方法两大类，对各种评价方法的优缺点进行分析得出，非线性方法在金融效率实证分析中有很大的应用前景。

随着非线性科学的发展，协同论的思想方法兴起，开拓了用非线性方法研究社会经济问题的新思路。协同论是 20 世纪 70 年代初由德国理论物理学家哈肯创立的，不仅研究复杂系统非线性特征的变化，而且研究了系统中的大量子系统通过竞争和合作产生整体有序结构。其中协同度模型作为度量系统之间协同发展水平高低的定量指标，既能衡量子系统之间的协调状况，又能反映系统综合发展水平（钟铭等，2011），被广泛用于研究社会经济领域中复杂系统的协同发展问题（Haken，2005）。对于企业相关研究，阿尔卡迪等（Arkadiy et al. ，2013）认为，协同创新是企业并购成功的主要动力，企业扩大市场需要建立协同效应的并购，并提出估计协同效应的方法；塔马斯哈诺夫等（Taymaskhanove et al. ，2014）通过财务指标研究风险管理策略的协同效果评价。对于管理系统的研究，周学军（2015）研究了移动互联网的绩效评价体系协同效应；陈伟等（2016）实证测度了我国各省份 2007 ~2013 年知识产权管理系统协同及其演变综合效度。对港口物流方面的研究，钟铭等（2011）构建港口和城市复合系统协同度模型，随后范厚明等（2015）在此基础上研究了港城协同发展程度与城市经济增长的关系；孙鹏（2012）研究了现代物流服务业和制造业发展的协同度。对于科技进行方面，刘志迎（2012）对我国技术转移系统演变的协同度进行研究，王宏起和徐玉莲（2012）揭示科技创新与科技金融协同发展机理，随后祝佳（2015）基于产业结构差异视角研究了创新驱动与金融支撑的协同发展。对于区域协同发展的研究，李海东等（2014）结合 TOPSIS 思想和灰色关联理论对距离协同模型进行改进，构建了新的区域协同发展程度评价方法，对皖江城市带的协同发展进行了实证分析。

金融产业是一个非线性（刘超等，2012）、复杂的系统（Anastasia，2014），满足协同自组织的特征，协同论的思想逐步运用到金融系统中。马约罗夫和塔蒂娜（Mayorova & Tetiana，2014）定性分析金融产业投资过程的协同性，认为金融产业的投资是一个自组织系统，可以自发地形成对宏观和微观主体有利的投资环境。但目前协同度模型在金融产业系统中的应用较少，且研究视角较为单一，仅有的研究多集中于金融监管方面，马丁和安卡（Martin & Anca，2013）运用协同度模型对98个国家的金融监管结构进行了研究，不同类型的国家有着不同的金融监管模式，金融发达的国家需要多种监管相融合，央行独立的国家多种监管难以融合。我国学者刘超和陈彦（2013）、谷慎和岑磊（2014）构建了我国监管机构的协同度模型，发现我国金融监管机构间协同监管程度不高，尚未形成良好的金融监管协同机制。

从现有文献可知，国内外学者对金融各产业评价进行了大量研究，为金融产业系统运营状态评价的研究奠定了良好的基础，但现有研究存在以下不足：（1）多数研究仅针对某一个金融产业，对金融产业系统整体运营状况的定量分析较少，需做进一步研究；（2）常用的研究方法DEA、主成分分析法等，不足以揭示金融产业系统非线性特征，非线性方法是更为合理的方法。而非线性科学中的协同论及协同度模型在社会经济领域运用广泛，也已经运用于金融相关的研究中，是研究金融产业系统运营的发展方向。

因此，本章将金融产业视为由不同金融子系统构成的复杂系统，运用非线性协同学评价方法并结合灰色动态关联模型，通过构建协同度模型和灰色协调发展关系模型，对金融产业系统的运营状态进行研究，分析其是否实现协调有序运营，这在一定程度上丰富和拓展了金融产业系统的评价理论。与绝大多数国内外文献相比，本章的创新主要体现在：第一，研究对象上，将金融产业划分为多子系统，对每个子系统进行指标构建，更科学、全面地衡量金融产业的运营；第二，在研究方法上，运用协同学理论结合灰色动态关联模型，这种方法既能揭示金融产业系统的非线性特征，又可以通过揭示各子系统的有序运营状态对系统整体运营状态进行合理评价，评价结果比国内外文献使用的其他方法更加准确。

第三节　协同论的基本思想及在金融产业系统中的运用

协同论的创立者是德国斯图加特大学教授、著名物理学家哈肯。1971 年他提出协同的概念，1976 年系统地论述了协同理论，发表了《协同学导论》，还著有《高等协同学》等。

协同论认为，千差万别的系统，尽管其属性不同，但在整个环境中，各个系统间存在着相互影响而又相互合作的关系。它研究各种不同的系统从混沌无序状态向稳定有序结构转化的机理和规律。并且认为不论非平衡态还是平衡态，在一定条件下都可以从无序至有序。由完全不同的子系统构成的系统，在宏观结构上所产生的质变行为（即从旧结构演变为新结构的机理）是相同的。由大量子系统组成的系统，在一定条件下，由于子系统间的相互作用和协作，系统便形成有一定功能的自组织结构，在宏观上便产生了时间有序、空间有序或时空有序，即达到了新的有序状态。它揭示了综合标准化系统中各子系统的相互联系与整体功能，为复杂系统的演变方式、发展前景提出了理论依据。

序参量是协同论的核心概念，是指在系统演化过程中如果某个参量在系统演化过程中从无到有的变化，并且能够指示出新结构的形成，反映新结构的有序程度，它就是序参量。在系统处在无序状态时，其值为 0，随着系统由无序向有序转化，这类变量从 0 向正值或由小向大变化，用它可以描述系统的有序程度。序参量确定以后，讨论系统的演化只研究序参量即可。因此，确定序参量是协同论分析的重点。

一、协同论的基本原理分析

协同论有三大理论原则，分别是协同效应原理、伺服原理和自组织原理，而金融产业系统也满足这些原理。

1. 协同效应原理

协同效应指复杂开放系统中大量子系统相互作用而产生的整体效应或集体效应。对于金融产业系统，在外部政治经济环境的作用下，金融产业各子系统之间就会产生协同作用。这种协同作用能使金融产业系统在临界点发生质变产生协同效应，使金融产业系统从无序变为有序，从混沌中产生某种稳定结构。

2. 伺服原理

伺服原理即快变量服从慢变量，这里的慢变量就是序参量。对于金融产业系统，确定了序参量后，序参量支配金融产业各子系统行为。它从金融产业系统内部稳定因素和不稳定因素间的相互作用方面描述了系统的自组织过程，其实质在于规定了临界点上金融产业系统“快速衰减组态被迫跟随于缓慢增长的组态”，即金融产业系统在接近不稳定点或临界点时，其系统的动力学和突变结构通常由少数几个序参量决定，而金融产业系统其他变量的行为则由这些序参量支配或规定。因此，对于本章的研究，确定金融产业系统的序参量是关键。

3. 自组织原理

自组织是相对于他组织而言的。钱学森说：“系统自己走向有序结构就可以称为系统自组织。”他组织是指组织指令和组织能力来自系统外部，而自组织则指系统在没有外部指令的条件下，其内部子系统之间能够按照某种规则自动形成一定的结构或功能，具有内在性和自生性特点。金融产业系统作为一个开放系统，在外界政治经济环境的变化与内部各子系统及构成要素的非线性作用下，不断地层次化、结构化，自发由无序状态走向有序状态或由有序状态走向更为有序状态。

金融产业系统内部各子系统的相互竞争和合作形成序参量（序参量从无到有），序参量一旦形成后又起着支配系统和子系统的作用，主宰着系统整体的演化过程。随着系统的不断演化，序参量从小变大，当达到最大时，产生一种新的结构，此时金融产业系统达到平衡有序，自组织实现（见图5－1）。

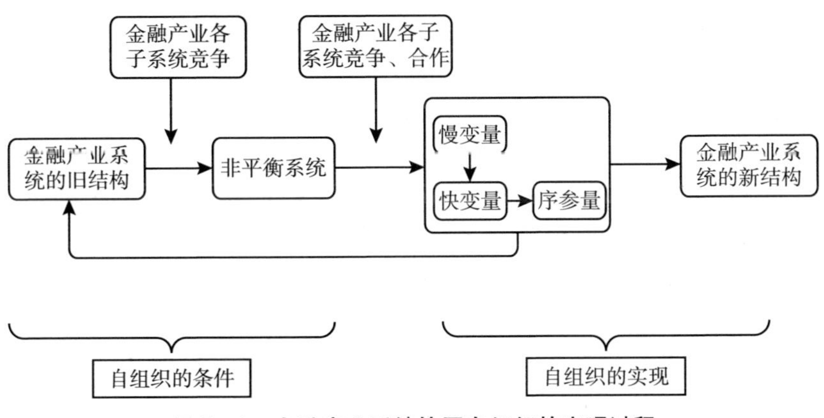

图5－1　金融产业系统协同自组织的实现过程

二、金融产业系统的协同分析

协同论具有普遍适用性。协同论揭示了系统演化的普遍程序：“旧结构，不稳定性，新结构。”这不仅为研究自然现象、生命起源、生物进化、人体功能等提供了方法，也为社会经济系统的变革这样一些复杂性事物的演化发展规律提供了新的原则和方法。协同论对揭示无生命界和生命界的演化发展具有普适性意义。另外，从协同论的应用范围来看，它广泛应用于各种不同系统的自组织现象的分析、建模、预测以及决策等过程中，也可以被运用到金融产业系统运营效率的评价中。

金融产业系统运营发展的目标是提高金融产业效率，实现资源优化配置，这种目标的实现正是金融产业系统从无序到有序性的演化，符合协同的思想。由金融产业系统内部的银行、证券、保险各子系统相互协调配合，共同围绕目标齐心协力地运作，那么就能产生 1 + 1 > 2 的协同效应。反之，如果各子系统的运营各环节不能有机配合，金融产业系统内各子系统难以发挥其应有的功能，致使整个系统陷入低效运营的状态。

我国的金融产业经历了从“大一统”模式到分业经营模式，到现在混业趋势日益显著，银行、证券、保险等子系统的业务范围越来越大，业务之间的界限更加模糊。不仅如此，金融改革不断推陈出新，允许具备条件的民间资本发起设立中小型银行等金融机构，推进政策性金融机构改革，建立多层次资本市场体系，推进股票发行注册制改革，多渠道推动股权融资，发展并规范债券市场，提高直接融资比重，完善保险经济补偿机制，建立巨灾保险制度，发展普惠金融，鼓励金融创新，丰富金融市场层次和产品等。然而，在发展过程中，金融产业领域的结构性问题也逐渐凸显出来，例如银行业总资产在金融机构中占有绝对优势、存贷款差额逐渐增大、存贷比不断加大等这些问题都存在于我国现有的金融体系中，因此，研究我国金融产业现状显得尤为重要。在这样的背景下，金融产业系统要更好地发展，就必须处理好各子系统的协同关系，协同一切可以协同的力量来更好地发展。

第四节　金融产业系统协同评价模型的构建

基于上述的协同理论，本章通过协同论构建金融产业系统协同发展水平评价模型和通过灰色动态关联理论构建金融产业系统子系统协同发展关系评价模型，对金融产业系统进行全方位的分析评价。金融产业系统协同发展水平评价模型是通过计算当前金融产业系统子系统的有序发展水平和金融产业系统的协同度水平，对金融产业系统运营状态进行评价；而金融产业系统子系统协同发展关系评价模型是通过灰色动态关联分析模型，对金融产业各子系统自身发展能力进行研究，是对协同发展水平模型的验证和补充，使得对金融产业系统的评价更为全面和完善，能更好地了解金融产业系统和子系统协同发展的程度。

一、金融产业系统协同度评价模型的构建

金融产业系统 S 有 n 个子系统，共有 k 个序参量，第 i 个子系统有 k_i 个序参量。用 x_{ij} 表示序参量，其中，$i=1, 2, \cdots, n$；$j=1, 2, \cdots, k_i$。根据协同理论可知，序参量是表征系统的宏观行为和系统有序化程度的参数变量，对系统的变化起主导作用。序参量对系统有序度有两种功效：一种是正功效，序参量的增大，系统的有序程度会增加；另一种是负功效，序参量增加，系统有序度会减少。假设当 $j=1, 2, \cdots, p$ 时，序参量对系统体现正功效；当 $j=p+1, p+2, \cdots, k_i$ 时，序参量对系统体现出负功效。具体计算步骤如下（Mehrez，1997；Park & Kim，1997）：

序参量 x_{ij} 对子系统 i 有序度的功效系数表示如下：

$$u_i(x_{ij}) = \begin{cases} \dfrac{x_{ij}-\alpha_{ij}}{\beta_{ij}-\alpha_{ij}}, & j=1, 2, \cdots, p \\ \dfrac{\beta_{ij}-x_{ij}}{\beta_{ij}-\alpha_{ij}}, & j=p+1, p+2, \cdots, k_i \end{cases} \tag{5.1}$$

其中，a_{ij} 为金融产业系统稳定时的下限值，为评价指标的低值，β_{ij} 为金融产业系统稳定时的上限，是评价指标的目标值，$\alpha_{ij} \leqslant x_{ij} \leqslant \beta_{ij}$。由式（5.1）可知，$u_i(x_{ij}) \in [0, 1]$，其值越大，序参量 x_{ij} 对其相应金融产业子系统有序程度的贡献越大，子系统的有序程度越高。

金融产业子系统所有序参量对金融产业系统的总贡献可以通过有序度来体现：

$$u_i(x_i) = \sum_{j=1}^{k_i} \lambda_{ij} u_i(x_{ij}), \quad \lambda_{ij} \geqslant 0, \quad \sum_{j=1}^{k_i} \lambda_{ij} = 1 \tag{5.2}$$

其中，λ_{ij}为序参量的权重，$u_i(x_i)$ 为金融产业子系统 i 的有序度，$u_i(x_i) \in [0, 1]$。有序度是金融子系统有序发展状态的表征，$u_i(x_i)$ 值越大，金融产业子系统 i 的有序推进程度就越高。金融产业系统的各子系统受序参量支配，任何一个序参量发生变化都会对子系统的有序度产生影响，从而影响子系统的协同发展水平。

对于序参量的权重可以通过熵值法来确定。熵值法是一种客观赋权法，能避免主观人为因素带来的偏差，并且熵值法能描述出系统内部各要素之间存在的非线性、复杂性等关系，使得赋予指标的权重更加客观，符合系统的发展规律。

首先由于各序参量的单位不同，在计算权重之前需要对序参量进行标准化处理。均值化法在消除基础指标数据的数量级和量纲带来的影响的同时，还能充分保留不同指标在取值差异程度上的信息量。故本章用均值无量纲化的方法对统计期 $t \in [1, m]$ 的序参量原始数据进行处理。

当指标具有正功效时：

$$x_{ij}'(t) = \frac{x_{ij}(t)}{\overline{x_{ij}}} \tag{5.3}$$

当指标具有负功效时：

$$x_{ij}'(t) = \frac{\overline{x_{ij}}}{x_{ij}(t)} \tag{5.4}$$

各序参量的概率为：

$$P_{ij}(t) = \frac{x'_{ij}(t)}{\sum_{t=1}^{m} x'_{ij}(t)} \tag{5.5}$$

各序参量的信息熵值为：

$$e_{ij} = -K \sum_{t=1}^{m} P_{ij}(t) \ln P_{ij}(t) \tag{5.6}$$

其中，K 为玻耳兹曼常数，$K = \frac{1}{\ln k_i}$。

各序参量的信息效用价值取决于信息熵 e_{ij}与 1 之间的差值，即

差异系数 d_{ij}，其值直接影响熵权的大小，d_{ij}越大，金融产业子系统 i 中第 j 个序参量的权重越大，对子系统的影响就越大。

$$d_{ij} = 1 - e_{ij} \tag{5.7}$$

第 j 个序参量的熵权为：

$$\lambda_{ij} = \frac{d_{ij}}{\sum_{j=1}^{k_i} d_{ij}} \tag{5.8}$$

确定了金融产业子系统的有序度之后，我们需要计算协同度对金融产业系统整体进行衡量。假设在初始时刻 t_0，各子系统的有序度为 $u_i^0(x_i)$，当整个金融产业系统发展演化到某一时刻 t_1，各子系统的有序度为 $u_i^1(x_i)$，因此，将金融产业系统的协同度定义为：

$$C = \delta \sqrt[n]{\prod_{i=1}^{n} [\,|u_i^1(x_i) - u_i^0(x_i)|\,]} \tag{5.9}$$

其中，n 表示子系统的个数，$\delta = \begin{cases} 1, & u_i^1(x_i) \geqslant u_i^0(x_i) \\ -1, & u_i^1(x_i) < u_i^0(x_i) \end{cases}$。

金融产业系统的协同度 C 越大，表明各子系统的协同发展程度就越高，其运营状态就越好，反之则越低。参数 δ 可以判断金融产业各子系统的协调方向，当 $u_i^1(x_i) \geqslant u_i^0(x_i)$ 时，$\delta = 1$，协同度 C 为正值，说明金融产业系统中所有子系统的有序度上升，此时金融产业系统处于协调有序发展状态；而当 $u_i^1(x_i) < u_i^0(x_i)$ 时，$\delta = -1$，协同度 C 为负值，说明金融产业子系统至少有一个子系统的有序度下降，此时金融产业系统没有实现协调有序发展。金融产业系统的协同度是所有子系统相互作用形成的，任何一个子系统的变化都会对其他子系统产生影响，从而影响整个金融产业系统的运营状况。

二、金融产业系统灰色动态协调发展关系模型的构建

金融产业系统具有一定的抽象性，其边界或外延信息是不确定或模糊的，满足灰色动态关联模型 GM（1，n）所要求的系统具有

灰度的条件。因此，本章构建金融产业系统的灰色动态关联模型，在协同发展水平评价的基础上，对金融产业系统子系统的自身发展能力、子系统间协同发展能力做进一步量化研究。

根据邓聚龙的灰色关联模型，假设金融产业系统 S 有 n 个子系统，共有 k 个序参量，第 i 个子系统有 k_i 个序参量，统计期 $t \in [1, m]$，表示为：

$$X_i(t) = [x_{i1}(t), x_{i2}(t), \cdots, x_{ik_i}(t)]^T \tag{5.10}$$

对 $X_i(t)$ 的分量进行线性加权得到第 i 个金融产业子系统的综合评价指标 $x_i^{(0)}(t)$：

$$x_i^{(0)}(t) = \sum_{j=1}^{k_i} \lambda_{ij} x_{ij}(t), i = 1, 2, \cdots, n; t = 1, 2, \cdots, m \tag{5.11}$$

其中，λ_{ij} 为第 i 个子系统中第 j 个序参量在该子系统中的熵权。

由 $x_i^{(0)}(t)$ 构成的系统 S 的序列 $X_i^{(0)}(t)$：

$$X_i^{(0)}(t) = [x_1^{(0)}(t), x_2^{(0)}(t), \cdots, x_n^{(0)}(t)]^T \tag{5.12}$$

假设对于第 i 个子系统，$x_i^{(1)}(t)$ 为行为变量（被解释变量），剩下的 $n-1$ 个序列为因子变量（解释变量）。为了弱化原始数据的随机性，对原始数据按照时间顺序进行一次累加（1 - AGO），生成新序列 $x_i^{(1)}(t) = \sum_{p=1}^{t} x_i^{(0)}(p)$，$t = 1, 2, \cdots, m$；$p = 1, 2, \cdots, t$，$z_i^{(1)}(t)$ 为 $x_i^{(1)}(t)$ 的紧邻均值生成序列 $z_i^{(1)}(t) = \dfrac{[x_i^{(1)}(t) + x_i^{(1)}(t-1)]}{2}$，则 GM（1，$n$）模型表示为：

$$x_i^{(0)}(t) + a_{ii} z_i^{(1)}(t) = \sum_{q \neq i} b_{iq} x_q^{(1)}(t), t = 2, 3, \cdots, m \tag{5.13}$$

其中，$-a_{ii}$ 为金融产业子系统自我发展能力系数，说明子系统自身的协调程度，$-a_{ii} > 0$ 说明 $x_i^{(1)}(t)$ 是行为变量，$x_i^{(1)}(t)$ 的大小随着时间的增加而增加，子系统 i 具有自我发展能力；$a_{ii} = 0$ 说明 $x_i^{(1)}(t)$ 不是行为变量，子系统 i 没有自我发展能力，其运营状况完全取决于其他子系统；若 $-a_{ii}<0$ 说明 $x_i^{(1)}(t)$ 的大小随着时间的增加而减少，子系统 i 不具有自我发展能力。b_{iq} 为驱动系数，表示第 q 个金融产业子系统对第 i 个金融产业子系统的驱动作用，$b_{iq}>0$ 说明因子变量 $x_q^{(1)}(t)$ 对行为变量 $x_i^{(1)}(t)$ 的变化有正向影响，子系统 q 对子系统 i 有促进作用；$b_{iq}=0$ 说明因子变量 $x_q^{(1)}(t)$ 对行为变量 $x_i^{(1)}(t)$ 的变化无关，子系统 q 与子系统 i 没有相互作用；$b_{iq}<0$ 说明因子变量 $x_q^{(1)}(t)$ 对行为变量 $x_i^{(1)}(t)$ 的变化有负面影响，子系统 q 对子系统 i 有抑制作用。

式（5.13）即为金融产业系统子系统协同发展关系评价模型，可运用最小二乘法对参数进行估计。方程（5.13）可转化为矩阵形式 $Y_i=\widehat{a}_iB$，其中：

$$B=\begin{bmatrix} -z_1^{(1)}(2) & x_2^{(1)}(2) & \cdots & x_n^{(1)}(2) \\ -z_1^{(1)}(3) & x_2^{(1)}(3) & \cdots & x_2^{(1)}(3) \\ \cdots & & & \\ -z_1^{(1)}(m) & x_2^{(1)}(m) & \cdots & x_n^{(1)}(m) \end{bmatrix},\quad Y_i=\begin{bmatrix} x_i^{(0)}(2) \\ x_i^{(0)}(3) \\ \cdots \\ x_i^{(0)}(m) \end{bmatrix} \tag{5.14}$$

则参数列 $\widehat{a}_i=[a_{ii},\ b_{i1},\ b_{i2},\ \cdots,\ b_{im}]$ 的最小二乘估计满足 $\widehat{a}_i=(B^TB)^{-1}B^TY_i$。

第五节　实证分析

一、序参量的选取

对于金融产业系统协同模型的构建，划分子系统、确定序参量是关键。金融产业是由银行业、证券业、保险业、信托业、基金等其他金融行业组成。根据《中国金融年鉴》的数据，截至2013年底，银行业、证券业和保险业的总资产占金融总资产的95%以上，因此，本章在研究金融产业的运营状态时，将金融产业系统划分为银行业、证券业和保险业三个子系统进行研究。

序参量的选取要依据科学性、代表性、综合性、合理性和可操作性的原则（范厚明等，2015）。具体来说，在选择序参量时要考虑子系统的特征，尽可能覆盖子系统的各个方面，从多个角度选择有实际应用价值的指标，并且序参量的数值适中、数据便于采集，能够衡量子系统的协同性。依据序参量的选取原则，并结合有关金融产业评价指标的研究成果（赵永乐和王均坦，2008；郭翠荣和刘亮，2012；孙蓉和王超，2013；雷婷婷等，2012），最终从稳定状态、盈利能力和发展能力三个方面，在三个子系统中各选取了五个序参量，具体如表 5－1 所示。

表 5－1　　序参量指标的选取依据

金融产业子系统	衡量标准	具体指标（序参量）
银行子系统	稳定状态	存贷比率、商业银行不良贷款率
	发展能力	资产负债比、利润增长率
	盈利能力	总资产收益率
证券子系统	稳定状态	换手率
	发展能力	证券化率、上市公司数量
	盈利能力	股票发行总股本、市盈率
保险子系统	稳定状态	资金运用率
	发展能力	保险深度、保险密度
	盈利能力	资产增长率、保险业收支比率

对于银行子系统，选取存贷比率、资产负债率、利润增长率、总资产收益率和商业银行不良贷款率五个序参量，其中，存贷比率、资产负债率和商业银行不良贷款率为负功效指标；对于证券子系统，选取证券化率、换手率、上市公司数量、股票发行总股本和

市盈率五个序参量，证券化率是指股票总市值和 GDP 的比率，市盈率为负功效指标；对于保险子系统，选取保险深度、保险密度、资产增长率、保险业收支比率和资金运用率五个序参量，其中，保险业收支比率为负功效指标。综上所述，本章将金融产业系统划分为三个子系统，每个子系统通过五个序参量进行衡量，具体如表 5－2 所示。

表 5－2　　金融产业系统序参量的确定

子系统	序参量	序参量解释说明	单位	功效	符号
银行子系统	存贷比率	银行贷款/存款	百分比	－	x_{11}
	资产负债比率	银行总负债/总资产	百分比	－	x_{12}
	利润增长率	（本年总利润－上年总利润）/上年总利润	百分比	＋	x_{13}
	总资产收益率	银行业净利润/总资产	百分比	＋	x_{14}
	商业银行不良贷款率	商业银行不良贷款/商业银行总贷款	百分比	＋	x_{15}
证券子系统	证券化率	股票总股本/GDP	百分比	＋	x_{21}
	换手率	股票换手率	百分比	＋	x_{22}
	上市公司数量	沪、深两市上市公司数量	个	＋	x_{23}
	股票发行总股本	沪、深两市股票总股本	万亿元	＋	x_{24}
	市盈率	沪、深两市总市盈率	百分比	－	x_{25}
保险子系统	保险深度	保费收入/GDP	百分比	＋	x_{31}
	保险密度	保费收入/人口数量	元/人	＋	x_{32}
	资产增长率	（保险业本年总资产－上年总资产）/上年总资产	百分比	＋	x_{33}
	保险业收支比率	赔付支出/保费收入	百分比	－	x_{34}
	资金运用率	资金运用/保险业总资产	百分比	＋	x_{35}

注：＋说明是正功效序参量，－说明是负功效序参量。

二、数据来源

本章的基础数据主要来源于2004～2013年《中国统计年鉴》、《中国金融年鉴》和《中国保险年鉴》的数据。为了消除原始数据不同量纲的影响，对序参量的原始数据采取均值－标准差法进行标准化处理，结果如表5－3所示。为了简便计算，本章标准化后序参量的上限值和下限值分别取2004～2013年最大值和最小值的110%（范厚明等，2015；谷慎和岑磊，2014）。将序参量的标准化处理结果代入公式（5.1），得到各子系统序参量的有序度。

表5－3　金融产业系统序参量数据标准化

序参量	2004年	2005年	2006年	2007年	2008年	2009年	2010年	2011年	2012年	2013年
x_{11}	1.69	-0.12	-0.26	0.00	-0.76	0.09	0.05	-2.11	0.67	0.75
x_{12}	1.42	0.99	0.28	-0.44	0.53	0.71	0.30	-1.09	-1.22	-1.47
x_{13}	2.37	1.26	-0.37	-0.39	-0.41	-0.64	-0.35	-0.28	-0.55	-0.63
x_{14}	-2.23	-0.80	-0.44	-0.09	0.24	-0.01	0.33	0.96	1.02	1.02
x_{15}	2.09	1.01	0.65	0.44	-0.45	-0.64	-0.76	-0.78	-0.78	-0.78
x_{21}	-0.94	-1.12	-0.33	2.39	-0.42	0.67	0.49	-0.20	-0.23	-0.31
x_{22}	-0.23	-0.54	0.69	2.19	0.02	0.90	-0.36	-0.81	-1.11	-0.75
x_{23}	-1.03	-1.02	-0.90	-0.65	-0.49	-0.28	0.47	1.08	1.41	1.40
x_{24}	-1.47	-1.43	-0.83	-0.22	-0.04	0.09	0.66	0.90	1.09	1.27
x_{25}	0.76	0.41	0.52	1.92	-0.50	0.53	-0.40	-0.99	-0.91	-1.34
x_{31}	0.86	-1.29	-0.98	-0.57	0.42	0.48	2.13	-0.35	-0.42	-0.29
x_{32}	-1.29	-1.16	-0.99	-0.70	-0.08	0.20	0.57	0.87	1.11	1.47
x_{33}	0.67	0.29	0.40	2.25	-0.98	-0.36	-0.09	-0.68	-0.22	-1.28
x_{34}	-1.16	-1.20	-0.62	0.97	0.54	-0.01	-0.82	-0.17	0.56	1.90
x_{35}	-1.61	0.42	-1.52	0.40	-0.35	0.31	-0.56	0.48	1.43	0.98

三、实证结果及分析

本章首先根据协同度评价模型，计算出金融产业系统的协同度，然后根据灰色动态协同发展关系模型计算出金融产业子系统的自我发展系数，最后将两种模型的计算结果进行对比分析和相互验证。

1. 金融产业系统有序度和协同度的计算与分析

对于金融产业系统，有 3 个子系统，每个子系统有 5 个序参量，可知 $i=3$，$k=15$，$k_i=5$。根据式（5.1）～式（5.8）可计算出金融产业各子系统的有序度，如表 5－4 和图 5－2 所示。

表 5－4　　金融产业系统各子系统的有序度

年份	银行子系统有序度	证券子系统有序度	保险子系统有序度
2004	0.40	0.16	0.43
2005	0.46	0.16	0.43
2006	0.41	0.31	0.32
2007	0.44	0.49	0.47
2008	0.38	0.41	0.38
2009	0.29	0.48	0.51
2010	0.35	0.55	0.63
2011	0.58	0.57	0.51
2012	0.44	0.58	0.56
2013	0.44	0.63	0.42

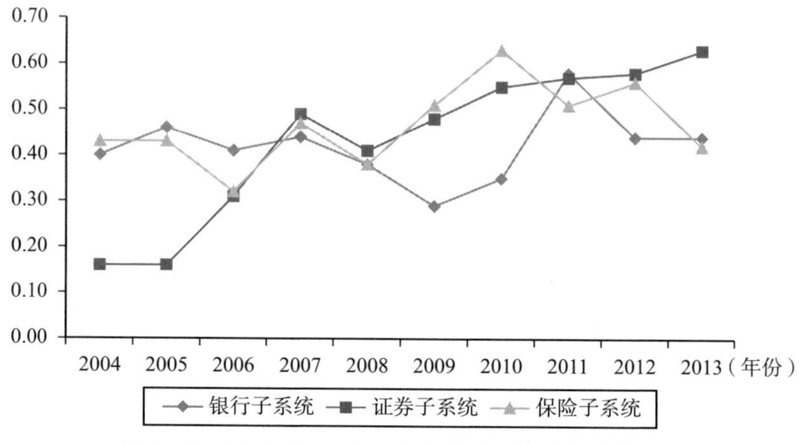

图 5－2　2004～2013 年三大金融子系统有序度波动图

表 5－4 是 2004～2013 年我国金融产业三大子系统有序度的计算结果。有序度是子系统内部各序参量相互作用所产生的有序结构，有序度越高说明子系统内部的有序状态越好。结合图 5－2，2004～2013 年我国证券子系统的有序度波动上升，涨幅为 294%；银行子系统的有序度先降后长，略微上升了 10%；而保险子系统的有序度先波动上涨后波动下降，总体变化不大。期初我国三大金融行业中证券业有序程度相对较低，保险业和银行业的有序程度相对较高，但是随着时间的推移，证券业向着有序的方向发展，运营效率提高，而银行和保险业的运营状态没有显著变化。

为了进一步探求影响有序度的关键变量，对三大金融产业子系统的有序度和对应序参量进行回归分析。对有序度和序参量的平稳性进行 ADF 单位根检验，可得 x_{11}、x_{13}、x_{14}、x_{15}、x_{22}、x_{35}在 5% 的临界值内平稳，u_1、u_2、u_3、x_{21}、x_{24}、x_{25}、x_{31}、x_{33}一阶差分后平稳，x_{12}、x_{32}、x_{34}二阶差分后平稳，x_{23}三阶差分后平稳。对平稳后的变量进行回归分析结果如表 5－5 所示。部分变量不显著，主要是由于本章的数据量较少造成的。

表 5－5　　金融产业子系统有序度和序参量的相关性分析

u_1		u_2		u_3	
x_{11}	－0.790***	x_{21}	0.028	x_{31}	－0.038*
x_{12}	－1.416	x_{22}	0.024	x_{32}	－0.001
x_{13}	0.099**	x_{23}	0.001	x_{33}	1.283***
x_{14}	0.794***	x_{24}	0.015*	x_{34}	－2.943***
x_{15}	－0.033**	x_{25}	－0.001	x_{35}	0.050

注：* 表示 $p<0.1$，** 表示 $p<0.05$，*** 表示 $p<0.01$。

通过表 5－4 和表 5－5 的结果可知，对于银行子系统，2004～2007 年和 2009～2011 年，其有序度逐步上升，表明这期间我国银行业一直向着有序的方向发展，银行业的运营状态在稳步提高；2011 年，有序度达到近十年最高。在 2007～2009 年和 2011～2013 年，银行业的有序度出现了明显下降。而银行子系统中资产负债比率 x_{12} 对有序度的影响最大，且为负向影响，存贷比 x_{11} 和总资产收益率 x_{14} 也对有序度有一定影响。2011 年有序度的上升主要是由于央行两次加息导致的存款金额增加，存贷比下降；而在 2007～2009 年和 2011～2013 年央行下调利息，存贷比上升，总资产收益率下降，造成有序度的降低。银行子系统的存贷比、资产负债比率和总资产收益率波动造成了银行有序度的波动。

对于证券子系统，从 2005～2007 年有序度大幅提高，这期间股票市场进入了牛市，上证综合指数从 998 点上涨到了 6124 点；2007～2008 年有序度出现了较大幅度下降，这期间上证指数从 6124 点快速跌回 1664 点；而 2009～2013 年间证券子系统有序度稳步上升，股指较稳定。通过表 5－5 可知，只有股票发行总股本 x_{24} 对证券子系统有序度的影响显著。当股票市场处于牛市时，股票发行总股本会大幅提高，造成有序度的上升；而当股市低迷时，股本的增长速度会减缓，股票交易量减少，证券市场有序度下降，运营状态降低。

对于保险子系统，对序参量和有序度的相关性研究发现，资产增长率 x_{33} 和收支比率 x_{34} 对保险业的有序度影响最大，且收支比率对有序度的影响为负向。从 2004 ~ 2006 年和 2010 ~ 2013 年有序度波动下降，主要是由于这期间保险业的总资产增长放慢以及收支比率上升，使得系统有序度降低。而在 2008 ~ 2010 年有序度上升，因为保费收入上升增长较快，总资产增长率提高，收支比率下降。

得知金融产业各子系统的有序度后，通过式（5.9）计算出金融产业系统 2005 ~ 2013 年的协同度（见表 5 – 6）。

表 5 – 6　　金融产业系统协同度

时间	2004 ~ 2005 年	2005 ~ 2006 年	2006 ~ 2007 年	2007 ~ 2008 年	2008 ~ 2009 年	2009 ~ 2010 年	2010 ~ 2011 年	2011 ~ 2012 年	2012 ~ 2013 年
C	–0. 005	–0. 096	0. 100	–0. 078	–0. 094	0. 080	–0. 090	–0. 042	–0. 034

对于金融产业系统的协同度在 0 上下波动，这表明我国金融产业系统的整体协同趋势处于低水平状态，尚未形成良好的运营状态。只有在 2006 ~ 2007 年和 2009 ~ 2010 年，系统的协同度为正，说明这两年金融产业系统内部实现协调有序发展；其余年间协同度均为负，说明金融产业系统没有实现协调有序发展，运营状态不佳。

结合表 5 – 4 和表 5 – 6 可以看出，只有在 2006 ~ 2007 年和 2009 ~ 2010 年，证券、银行和保险三个子系统的有序度都上升了，其余年间三个子系统至少有一个子系统的有序度下降、运营状态降低，造成金融产业整体的无序运营。可见，要想实现金融产业的协调有效运营，必须三大产业的运营状态都提高，不能只顾其中某一个产业的发展。这与我国的实际金融情况相符，我国的金融产业系统内部存在发展不均衡的现象，造成金融产业内部资源没有实现有效配置，运营状态低下。

2. 金融产业子系统自我发展系数的计算与分析

本章构建金融产业系统协同灰色关联模型，以 GM（1，3）微分方程为基础，通过式（5.10）~式（5.14）求解金融产业系统的自身发展能力系数和驱动系数，对金融产业各子系统内部和子系统之间的相互作用进行深入研究。

分别以三个子系统中的一个为行为变量，首先以银行子系统为行为变量，证券和保险子系统为因子变量，构建 GM（1，3）为：

$$x_1^{(0)}(t)+a_{11}z_1^{(1)}(t)=b_{12}x_2^{(1)}(t)+b_{13}x_3^{(1)}(t) \tag{5.15}$$

其次以证券子系统为行为变量，银行和保险子系统为因子变量：

$$x_2^{(0)}(t)+a_{22}z_2^{(1)}(t)=b_{21}x_2^{(1)}(t)+b_{23}x_3^{(1)}(t) \tag{5.16}$$

最后以保险子系统为行为变量，银行和证券子系统为因子变量：

$$x_3^{(0)}(t)+a_{33}z_3^{(1)}(t)=b_{31}x_1^{(1)}(t)+b_{32}x_2^{(1)}(t) \tag{5.17}$$

根据式（5.10）~式（5.14）可求解出式（5.15）~式（5.17）的系数，结果如表 5-7 所示。系数 α_{11}、α_{22}、α_{33} 分别代表银行子系统、证券子系统和保险子系统的自我发展能力系数；系数 b_{12}、b_{13}、b_{21}、b_{23}、b_{31}、b_{32} 是驱动系数，代表子系统间的相互作用。

表 5-7　　金融子系统自身发展能力系数和驱动系数

银行子系统		证券子系统		保险子系统	
$-\alpha_{11}$	0.16	$-\alpha_{22}$	0.36	$-\alpha_{33}$	-0.06
b_{12}	-0.97	b_{21}	-0.06	b_{31}	0.04
b_{13}	1.41	b_{23}	0.52	b_{32}	-0.07

从三大子系统的自我发展系数可以看出，2004~2013 年，证券子系统的自我发展系数最高，为 $-\alpha_{22}=0.36$，银行子系统次之，为 $-\alpha_{11}=0.16$，保险子系统的自我发展系数最低，为 $-\alpha_{33}=-0.06$。

说明这期间证券子系统具有较强的自我发展能力，银行子系统具有较弱的自我发展能力，而保险子系统不具备自我发展能力。随着金融行业的发展，我国证券产业快速发展，而保险产业由于缺乏核心竞争力，发展相对较慢。

和表5－4各子系统有序度的结果对比发现，证券子系统有序度从2004年的0.16上升到2013年的0.63，有序度增加了294%；银行子系统的有序度从2004年的0.40上升到了2013年的0.44，有序水平上升了10%；而保险子系统的有序度不升反而下降，从2004年的0.43下降到2013年的0.42，略微下降。可见，通过协同灰色关联模型计算出的各子系统自我发展系数和表5－4的子系统有序度的结果相吻合。

从三大子系统的驱动系数可以看出，子系统之间存在着相互作用，银行子系统对证券子系统和保险子系统的相互影响最强，而保险子系统对银行和证券子系统的影响最弱。三个子系统之间的发展不均衡造成了其相互作用的程度不同，也造成了其运营状态的不同。

对于银行子系统和证券子系统，驱动系数 $b_{12} = -0.97$，$b_{21} = -0.06$，说明这两个系统之间存在相互制约、相互约束的作用力，且银行子系统对证券子系统的约束力更强。在金融一体化和自由化的浪潮下，金融混业发展成为主导趋向，银行业和证券业作为两大主要金融机构，在混业发展的趋势下必然会相互竞争、相互制约，而银行业占有较多的金融资源，对证券业的影响较大。

对于银行子系统和保险子系统，驱动系数 $b_{13} = 1.41$，$b_{31} = 0.04$，说明银行子系统和保险子系统相互促进、协同发展，银行子系统对保险子系统的促进作用较大，保险子系统对银行子系统也有一定的促进作用，但是作用力较弱。银行业的发展在一定程度上能促进保险业的发展，如保险公司推出一些保险产品在银行销售，充分利用银行的信息、网络、技术和客户等方面的资源优势。而保险机构的资金主要以现金和存款作为保险准备金的主要运用方式，保险公司成为银行信贷资金来源的间接提供者。因此，银行子系统和保险子系统相互促进，协同发展。

对于证券子系统和保险子系统，驱动系数 $b_{23}=0.52$，$b_{32}=-0.07$，说明证券子系统对保险子系统有促进作用，但是保险子系统对证券子系统有较弱的抑制作用。我国证券业和保险业的交互关系相对较弱。从事投资的保险资金通过证券市场实现其资金融通和投资功能，对证券市场具有一定的依赖性。而我国保险资金的投资功能利用不充分，保险行业主要从事承保业务，投资业务范围受到严格限制，这也在一定程度上制约了保险行业的发展。

第六节　本章小结

本章运用协同论和灰色关联理论构建协同发展水平模型和协同发展关系模型，对 2004 ~ 2013 年金融产业系统各子系统和整体运营状况进行协同分析。与已有文献相比，本章的研究方法既能反映金融产业系统的非线性特征，又可以反映金融产业子系统内部和金融产业整体的有序运行程度，因此，研究的结果与已有文献相比更加全面、准确。从以下结论可以看出本章研究与已有文献的区别。

（1）2004 ~ 2013 年，我国金融产业各子系统运营状态不同。证券子系统的运营状态最好，其有序度波动上升了 294%，自我发展能力也最强；银行子系统的运营状态次之，有序度上升了 10%；而保险子系统的运营状态较差，有序度略微下降，不具有自我发展能力。这与这三大金融产业的发展状况密切相关，证券业从 2004 ~ 2013 年开始快速发展，保险行业虽然也有所增长，但是由于总资产和保费收入的增速减缓使得保险行业的有序度下降。该结论与已有文献基本相同。

（2）我国金融产业系统整体协调发展处于低水平状态。2004 ~ 2013 年，金融产业系统的协同度在 0 上下波动，说明协调发展水平较低，运营状态不佳。只有 2006 ~ 2007 年和 2009 ~ 2010 年，金融产业系统实现有序运营，三大子系统有序度均上升；而在其余年份，金融产业系统协同度均为负，说明金融产业系统中至少有一个子系统的运营状态下降，造成金融产业系统没有实现协调有序的运营。与已有文献相比，本章对金融产业系统运营状态的研究是针对三大子系统运营状态的有序程度，而不是只研究银行业或者证券业的运营状态，因此，研究对象更加全面；并且本章通过协同度来研究金融产业运营状态，不同于其他学者认为金融产业运营状态是三大产业运营状态的简单叠加（雷婷婷等，2012），即某一产业运营效率大幅上升而其余产业运营状态下降，整体运营状态也有可能提高。本章中要想实现金融产业的有效运营，必须三大产业的运营状态都提高，不能只顾其中某一个产业的发展，这更能体现金融子系统间协同发展的重要性。

因此，政府促进金融产业运营状态提高，不能只侧重某一个金融产业，而是要兼顾所有金融产业。为了提高整个金融产业系统的运营状态，应加快金融混业发展，加快金融脱媒。金融混业发展是金融产业发展的需要，而金融脱媒是经济发展的必然趋势。混业发展有利于银行、证券、保险等行业快速发展，有利于提高金融市场活力。这在一定程度上要求降低银行金融中介的地位，社会融资方式的改变使得资本在金融市场间流动更加通畅，从而提高金融资源配置的效率，提高整个金融产业系统运营效率。

第六章

新常态条件下我国金融产业系统发展趋势预测研究

第一节　研究目的

近年来，随着金融的全球化和金融衍生产品的复杂化，金融业资源优化配置的功能不断扩展和提升，对金融和经济的促进作用不断加强，在国民经济中的地位逐步提升。金融产业功能的实现依托于实体经济、宏观经济政策等，金融产业对经济的促进作用会受到外部社会经济环境的影响，而新常态是目前我国最重要的经济环境。随着我国人口红利的消失和资源环境的约束，经济结构性失衡、发展动力不足，经济增速下行压力显著，根据习近平总书记的一系列论述，中国进入新常态，这是我国经济发展的一个新阶段（郭克莎，2016）。新常态主要呈现三个特点：高速增长转为中高速增长，经济结构不断优化升级，要素驱动、投资驱动转向创新驱动。在新常态下，受经济增速放缓、经济结构性变化突出、发展动力不足等多重因素影响，金融产业如何发展成为学者们关注的热点问题（张承惠，2015）。

综观近20年来我国金融产业发展，如图6－1所示，1997～2004年金融产业总资产增长缓慢，低于同期的GDP增速和工业增速，而从2005年开始，金融总资产占GDP的比重经历了十余年的稳步提高，从2005年的4%上涨到了2015年的8.49%。但随着我国经济进入新常态，2016年金融业增速放缓，金融总资产占GDP的比重略微下降为8.34%。2017年金融总资产占GDP的比重为8.01%，2018年这一数据进一步下降为7.68%。可见，金融业要适应新常态条件，金融业增速下降和盈利增长放缓将成为常态。因此，在新常态下，对金融产业发展也提出了更高的要求，金融产业需要改变过去大规模、高速的发展模式，实现发展速度和质量的有机统一，也要适应新常态发展的趋势，兼顾新常态下经济稳定增长、经济结构优化、创新驱动的目标。

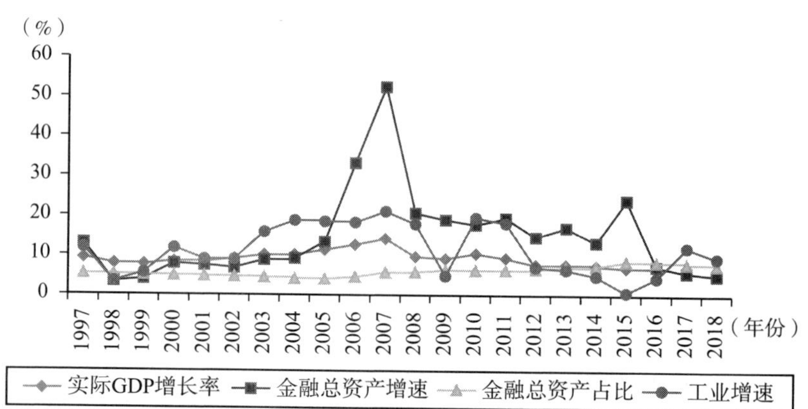

图6-1　1997~2016年中国金融总资产与GDP变化趋势

注：金融总资产占比通过金融总资产与GDP的比值求得。

资料来源：《中国统计年鉴》(1998~2018年)。

金融产业是一个包含多种金融机构的复杂系统，但中国的金融产业是典型的银行主导型产业，通过Wind数据库可知，近20年来银行业金融机构资产占金融总资金的96%以上，非银行金融机构总资产比重较小，不足4%，因此，本章在分析金融产业发展的速度和质量时仅考虑银行业金融机构的发展速度和质量，忽略非银行金融机构，旨在通过仿真、控制和预测银行业金融机构的发展速度和质量，从而实现金融产业系统的发展目标和新常态的多目标。

在传统经济学理论范式下金融产业发展状况的相关研究以线性关系为基础，但是随着金融环境的复杂化、多维化，金融产业与新常态等外部环境之间的相互作用越来越复杂，需要更为科学的方法对新常态条件下金融产业发展状况进行揭示。目前，以神经网络模型为代表的智能模型已经用于预测金融时间序列，如对股市价格（Moghaddam et al.，2016）、外汇波动（Galeshchuk，2016）等进行研究，而运用神经网络综合解决认知、控制和预测问题的研究较少，将复杂神经网络方法运用到金融产业发展趋势控制与预测，特别是对金融产业在不同新常态条件下的多目标仿真控制、金融发展预测的研究，为解决新常态条件下金融产业发展趋势问题提供了全新的视角，具有重要的理论研究价值。

因此，本章基于神经网络模型，对金融产业发展速度和质量进行仿真和预测，揭示新常态科技创新驱动等影响下金融产业的发展趋势，为政府有针对性地对金融产业进行调控，优化金融产业结构，促使金融支持经济新常态提供参考。

第二节　金融产业发展趋势预测的研究现状

金融产业发展趋势调控和预测是揭示金融产业发展状况的有效途径，而探究和开发针对我国当前新常态条件下金融产业发展趋势控制和预测方法是关键。目前国内外学者对金融产业发展趋势预测的研究较少，但是对金融时间序列预测方法进行了大量研究，从线性模型到非线性模型，从统计模型到智能模型（潘和平和张承钊，2018；骆晓强等，2018），为本章研究方法的选择提供了参考。

金融时间序列预测主要基于 ARIMA 和 ARCH 类模型进行研究。部分学者采用自回归滑动平均模型（ARIMA）对金融时间序列进行预测，如拉西米和卡瑟尔（Rahimi & Khashei，2018）基于AMIMA模型结合多层感知器（MLPs）对标准普尔500指数、深圳综合指数和道琼斯工业指数进行了预测。该模型成为处理平稳时间序列的常用模型，但是该模型建立在线性关系的基础上，难以解释变量之间的非线性关系，无法准确地对金融等复杂时间序列进行预测（熊志斌，2011）。为了改善时间序列的预测效果，随后恩格尔（Engle）提出的自回归条件异方差（ARCH）模型及波勒斯勒夫（Bollerslev）提出的广义自回归条件异方差（GARCH）模型兴起，并在金融时序数据预测中受到学者的关注。如克莱因和沃尔特（Klein & Walther，2016）运用GARCH、EGARCH、MMGARCH、FIGARCH等多种方法对国际原油价格的波动率和风险价值进行预测；我国学者林宇等（2015）在EGARCH模型基础上结合马尔可夫模型分别对上海银行间同业拆借利率的波动率进行了预测。

然而，ARIMA和ARCH类模型存在一个共同的缺点，就是都需要通过具体表达式来描述变量之间的线性或非线性关系。随着学者们对金融系统复杂性的认知，发现非线性金融时间序列数据间的关系很复杂，非线性特征无法用特定的模型进行拟合（Chong et al.，2017）。这一缺点严重影响了此类模型的预测效果。

随着智能预测模型的兴起，神经网络模型为此类问题的解决提供了一种全新的研究思路。神经网络模型作为一种自然非线性建模，能够挖掘数据背后复杂的非线性特征，且不需要事先假设数据之间具有何种具体函数形式，在金融非线性时间序列预测领域中受到越来越多的重视，其中最具有代表性的是BP神经网络模型。朱庆锋等（2013）用BP神经网络对企业内部控制活动进行评价，而蔡艳萍和孙夏（2016）基于BP神经网络技术构建上市商业银行绩效评价模型，对样本银行的绩效进行模型训练和仿真验证。

但是，BP神经网络也有一定的局限性，BP神经网络模型不具有全局搜索能力，容易陷入局部极小值，且学习收敛速度太慢，单一运用 BP 神经网络往往效果不理想（Yu & Xu，2014）。因此，需要结合进化算法对 BP 神经网络的初始权值进行优化（Wang et al.，2015）。学者任宏等（2015）指出遗传算法具有全局寻优的特点，能克服 BP 神经网络进行预测时易陷入局部极小值和收敛速度慢的缺点，在预测时更为有效。拉瑟等（Rather et al.，2015）通过遗传算法优化循环神经网络模型对股票收益进行预测，邱等（Qiu et al.，2016）采用遗传算法（GA）和模拟退火（SA）来提高 BP 神经网络的预测精度，有效地预测了日本股票的投资收益率。我国学者肖斌卿等（2015）对 2015 年的金融安全状况进行预测，通过对比分析发现 GA – ANN 比径向基神经网络、BP 传播神经网络和广义回归神经网络具有更好的拟合精度。刘超等（2018）采用 GA – BP 模型，模拟货币政策调控与新常态条件下经济增长速度和质量之间的交互行为，对经济增长率进行预测。这些学者都认为遗传算法能够克服神经网络的局部收敛问题，遗传算法与神经网络结合使用比单一通过神经网络进行预测研究会更加准确。随着研究的深入，学者们致力于对遗传算法的改进，如张炜等（2015）提出一种基于遗传算法的粗糙集属性约简方法和神经网络相结合的预测模型对股票进行预测，进一步提高了遗传算法优化神经网络模型的运算速度和计算精度。

可见，遗传算法结合神经网络模型已经用于股票市场、外汇市场等金融时序数据的预测，是未来复杂金融系统预测研究发展的方向。但现有研究存在两个问题：第一，多采用单一遗传算法与神经网络相结合，而遗传算法在寻优过程中存在收敛速度慢和“早熟”收敛等问题（罗勇和陈治亚，2012），需要对遗传算法进行改进；第二，多集中于构建多输入和单输出模型，如对股市收益率、股票价格等单一变量进行预测，少有学者构建多输入和多输出模型进行研究。

相比之下，本章克服现有研究的局限性，采用自适应性遗传算法优化 BP 神经网络，构建多层网络结构、多输入和多输出的仿真预测模型，并对比遗传算法优化 BP 神经网络仿真模型的结果，对新常态多目标条件下金融产业系统的发展趋势进行仿真和预测研究。本章的创新主要体现在两个方面：第一，研究内容的选取不仅考虑金融产业发展速度和质量兼顾的目标，而且结合新常态多目标条件；第二，研究方法的选取既能提高传统神经网络模型的运算速度和收敛精度，又能揭示金融产业系统非线性、多输入和多输出的复杂特征，使得研究过程更加接近真实，研究结果也更加可靠。本章研究不仅对认知新常态下我国金融产业发展状况、促进金融支持我国经济新常态发展有重要指导作用，也对丰富和发展金融产业理论的研究范式和方法具有重要理论意义。

第三节　ADGA - BP 神经网络模型的构建

一、自适应遗传算法优化 BP 神经网络的基本原理

BP（back propagation，BP）神经网络是误差反向传播算法的多层前向神经网络，分为输入隐含层和输出层，隐含层可以有一层或者多层，每层之间由若干相互独立的神经元组成，每层内部的神经元没有相互作用，而每层之间的神经元全部存在信号的传递（见图 6 - 2）。BP 神经网络可以实现输入和输出的任意非线性映射，并且可以实现自学习且结构简单，但是 BP 神经网络的训练速度较慢而且有可能陷入局部极小值，需要采用进化算法对其进行改进（Wang et al.，2015）。

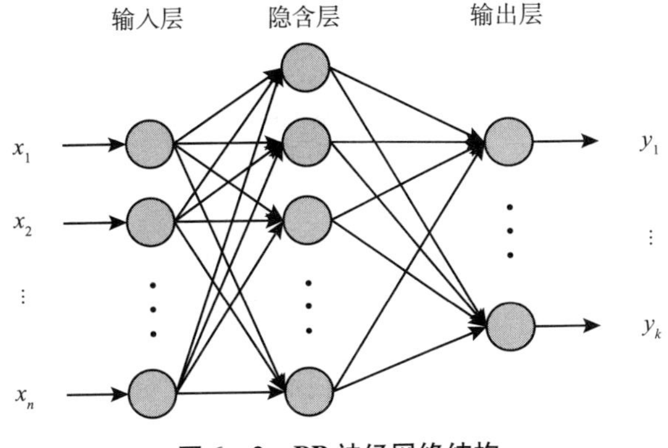

图 6-2 BP 神经网络结构

遗传算法（genetic algorithms，GA）是一类借鉴生物界自然遗传机制，模仿自然选择和物种进化而发展起来的随机全局搜索和优化方法。通过遗传算法改进 BP 神经网络能获取神经网络更优的初始权值和阈值，避免网络训练陷入局部极小值，提高收敛速度（Huang et al.，2015）。但由于遗传算法是固定的参数设置，在寻优过程中存在一定的随机性和盲目性，导致搜索后期在局部最优解附近停滞不前，群体进化速度减慢，甚至出现不进化现象，最终找不到最优解（罗勇和陈治亚，2012）。而自适应遗传算法（adaptive genetic algorithm，AGA）有效解决了遗传算法选择、交叉和变异的随机性和盲目性，可以在算法的执行过程中，自适应地改变交叉概率和变异概率的大小，避免了收敛速度慢、容易早熟等问题（张炜等，2015）。因此，本章研究采用自适应遗传算法对 BP 神经网络进行优化。

本章将结合神经网络和自适应遗传算法优点构造 ADGA - BP 神经网络结构，一方面，能根据适应度的大小改变遗传算法中的交叉概率和变异概率，提高了遗传算法的收敛速度和全局优化搜索的能力，对遗传算法进行优化；另一方面，在此基础上优化 BP 神经网络的结构，用自适应遗传算法所具有的全局优化特性对 BP 神经网络的权值和阈值进行优化，以避免 BP 神经网络初始权值和阈值的随机性，使其得到最优的初始值，有效提高 BP 神经网络的泛化映射能力，使神经网络具有很高的收敛性和较强的学习能力。自适应遗传算法结合 BP 神经网络形成的新网络结构可提升神经网络的性能，既有神经网络的自学习能力，又有自适应遗传算法的全局优化搜索能力。因此，通过 ADGA - BP 神经网络模型对新常态下金融产业系统发展趋势的预测比单一神经网络模型和 GA - BP 神经网络模型的预测结果更优。

二、自适应遗传算法优化 BP 神经网络模型的构建

金融产业发展趋势既受到内部金融资源配置的影响，同时还受到新常态多目标条件等外部其他因素的影响。各种影响因素对金融产业的影响作用、程度和方向各有不同，存在着复杂的非线性关系。如何确定主要影响因素以及各因素权重成为揭示金融产业系统发展状况的难题。而 ADGA - BP 神经网络能较好地提取金融产业系统和新常态环境中的各种信息，学习新常态和金融产业系统的特征并对金融产业系统的网络结构进行训练，通过输出金融各产业系统的最优权值序列，得到最优仿真网络，更科学地预测新常态多目标条件下金融产业系统的发展趋势。

本章构建新常态多目标条件下金融产业系统的自适应遗传算法优化 BP 神经网络预测模型，主要步骤包括以下六步（见图 6 - 3）。

（1）首先确定新常态多目标条件对金融产业系统作用的 BP 神经网络结构，包括网络的层数、输入层和输出层神经元节点、训练样本和测试样本数。

设输入层节点数 n，输入向量 $X=(x_1,\ \cdots,\ x_i,\ \cdots,\ x_n)$；隐含层节点数为 m，隐含层的输出向量为 $H=(h_1,\ \cdots,\ h_j,\ \cdots,\ h_m)$；输出层节点数为 k，输出层的输出向量为 $Y=(y_1,\ \cdots,\ y_l,\ \cdots,\ y_k)$。$w_{ij}$、$v_{jl}$为输入层到隐含层、隐含层到输出层的连接权值，$\sigma_j$、

θ 分别为隐含层和输出层的阈值，每层之间的关系如下：

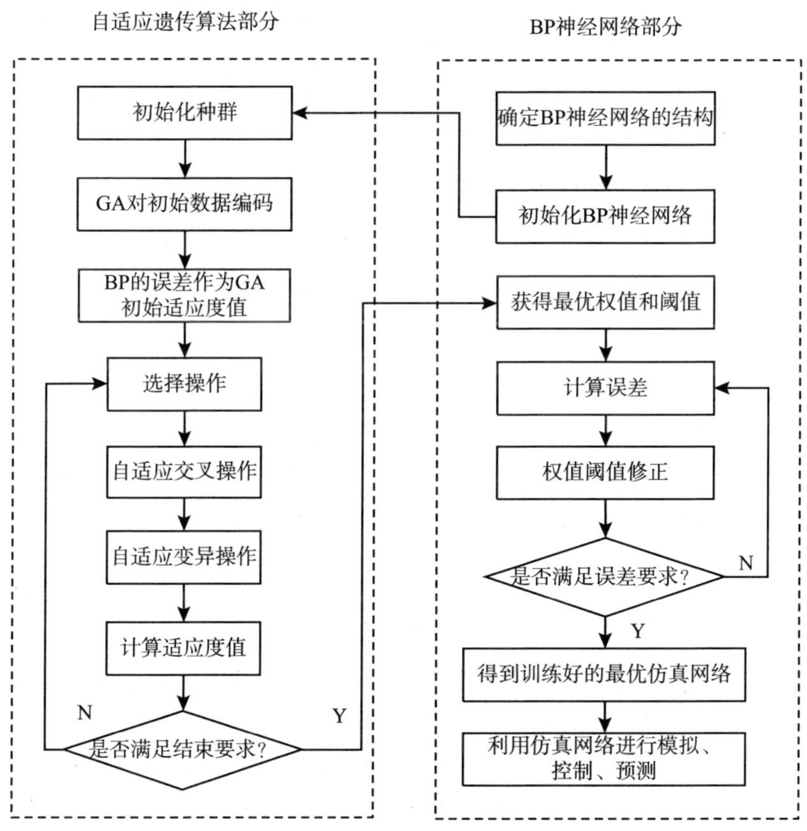

图 6-3 自适应遗传算法优化 BP 神经网络的流程

$$h_j = g\left(\sum_{i=1}^{n} w_{ij}x_i + \delta_j\right) \tag{6.1}$$

$$y_l = g\left(\sum_{j=1}^{k} v_{jl}h_j + \theta\right) \tag{6.2}$$

其中，$g(\cdot)$ 为传递函数，采用 sigmoid 函数，$g(x) = 1/(1 + e^{-x})$。BP 神经网络的权值和阈值可以通过对 BP 神经网络的学习和训练求得。

（2）把 BP 神经网络的权值和阈值作为自适应遗传算法初始种群，通过遗传算法对初始种群进行编码。由于神经网络的权值和阈值的训练是一个复杂的连续参数优化问题，因此，采用实数编码，将输入层、隐含层和输出层之间的所有权值以及各节点的阈值编成染色体。

（3）计算个体的适应度值，依据适应度的大小进行选择操作。适应度函数通过网络输出的误差平方和的倒数计算求得：

$$f = 1/E \tag{6.3}$$

$$E = \frac{1}{2}\sum_{k=1}^{M}(y_k - \overline{y_k})^2 \tag{6.4}$$

其中，M 为训练样本数，y_k 为网络的第 k 个节点的期望输出值，而 $\overline{y_k}$ 为实际输出值。

而选择操作是为了从种群中选择优良的个体，本章采用轮盘赌的策略选择进行遗传的父代个体，按照以下概率值随机选择复制样本对象：

$$P_i = f_i / \sum_{i=1}^{N} f_i \tag{6.5}$$

其中，N 为种群的大小，P_i 越小，对应个体被选中的可能性越大。

（4）采用自适应遗传算法进行自适应交叉和变异操作，得到最优的权值和阈值，将其输出，作为 BP 网络的初始权值和阈值。

自适应交叉概率和变异概率的确定是遗传算法的关键，本章采用斯林维瓦斯等（Srinvivas et al.，1994）提出的自适应遗传算法，使自适应交叉概率和自适应变异概率能够随适应度的大小自动改变。自适应交叉概率 P_c 和自适应变量概率 P_m 的表达式如下：

$$P_c = \begin{cases} P_{c1} - \dfrac{(P_{c1} - P_{c2})(f' - f_{avg})}{f_{max} - f_{avg}}, & f' \geqslant f_{avg} \\ P_{c1}, & f' < f_{avg} \end{cases} \tag{6.6}$$

$$P_m = \begin{cases} P_{m1} - \dfrac{(P_{m1} - P_{m2})(f - f_{avg})}{f_{max} - f_{avg}}, & f \geqslant f_{avg} \\ P_{m1}, & f < f_{avg} \end{cases} \tag{6.7}$$

其中，f_{max}为种群最大的适应度值，f_{avg}为种群的平均适应度值，f'为交叉两个个体中较大的适应度值，f为要变异个体的适应度值，P_{c1}、P_{c1}、P_{m1}、P_{m2}为常数。

（5）利用训练样本，通过训练函数调整权值，直到满足训练的目标误差为止。采用 trainlm 函数基于梯度下降与高斯牛顿法结合的 L－M 优化算法作为 BP 神经网络训练函数，在整体解空间里对训练样本进行训练，得到一个仿真网络。

（6）利用该仿真网络对测试样本进行训练，当网络输出与期望输出的误差达到预先设定的误差收敛水平，网络的训练完毕，得到金融产业系统的最优网络权值序列，对应一个训练好的最优仿真网络，该网络就是新常态条件下金融产业发展趋势的自适应遗传算法优化 BP 神经网络预测模型，通过该网络模型可以进一步对新常态条件下金融产业系统的影响进行模拟、控制和预测。

第四节　指标选取与说明

对于新常态下金融产业系统发展趋势神经网络模型的构建，确定输入层和输出层指标作为神经元节点是关键。而指标的选取要依据科学性、相关性和可操作性的原则（张品一等，2016），即指标的选取要充分考虑金融产业系统的特征和所处的外部环境，尽可能覆盖金融产业系统的各个方面；要与金融产业系统的发展密切相关，能影响金融产业系统发展状况；且指标能够衡量，数据易于获取。基于以上原则，本章研究新常态多目标条件下金融产业系统的发展趋势，从金融产业系统内部、新常态多目标条件和其他外部经济政策三方面确定输入层指标，从金融产业的发展质量和速度两方面确定输出层指标，构建新常态多目标条件下金融产业系统的多输入和多输出层指标体系。

对于输入层指标的选取，需要涵盖影响金融产业发展的各方面。

首先，新常态是金融产业发展的重要外部环境，而新常态中的经济增长速度、经济结构优化升级和创新驱动力是影响金融产业发展的重要因素，因此，本章从这三个方面构建新常态多目标条件指标。其中，经济增长速度用 GDP 增长率表示，GDP 可以反映国家的经济发展水平，而 GDP 增长率可以衡量经济发展的速度（刘超等，2018）。经济结构优化升级是产业结构合理化的体现，这主要是指第一、第二产业占优势比重逐渐向第三产业占优势比重转移，第三产业成为带动经济增长和产业结构升级的主要力量（黄群慧，2014），因此，采用三产贡献率衡量经济结构优化。创新驱动中最关键的是科技创新，而研发是科技创新的重要动力，研发经费支出占比越多说明创新发展动力越足（李杨和张晓晶，2015），因此，选取 R&D 经费支出占国内生产总值的比例反映我国创新驱动的发展状况。

其次，金融产业还受到外部宏观经济政策的影响，是宏观经济政策调控的重要通道。而货币政策是最主要的宏观经济政策，在新常态条件下，央行的货币政策要兼顾数量目标和价格目标的平衡和转换（潘敏，2016），因此，选取货币供应量、信贷规模为代表的数量型目标和利率为代表的价格型目标作为货币政策调控变量。其中，货币供应量用广义货币供应量（M2）增长率表示，信贷规模用金融机构人民币贷款余额与 GDP 的比值表示。利率的衡量主要有存贷款基准利率和同业拆借率等方式，而存贷款基准利率主要用于衡量对实体经济的影响，而同业拆借率主要反映短期资本市场的资金状况，因此，结合本章的研究需要，利率用 7 天银行间同业拆借率表示。

最后，金融产业系统也受到自身发展的影响，金融产业在经济系统中的地位也对其发展产生影响，因此，选取金融业贡献率衡量金融产业系统自身的发展状况。

对于输出层指标的选取，我国的金融产业是银行主导型产业，金融产业系统发展的研究需要分析银行业金融机构的发展速度和质量，因此，分别选用银行业总资产增长率和商业银行不良贷款率进行衡量（Louzis et al.，2012）。

充分考虑新常态多目标条件下金融产业系统的发展趋势，选取GDP增长率、三产贡献率、R&D经费支出占国内生产总值比例、广义货币供应量增长率、金融机构人民币贷款余额/GDP、银行间7天同业拆借率、金融业贡献率共7个指标作为输入层神经元节点；将银行业总资产增长率、商业银行不良贷款率2个指标作为输出层神经元节点（见表6－1）。

表6－1　新常态多目标条件下金融产业系统指标

变量类型	变量分类	影响因素	衡量指标	变量符号
输入层节点	多目标条件	经济增长速度	GDP增长率	x_1
		经济结构优化趋势	三产贡献率	x_2
		创新驱动发展状况	R&D经费支出占国内生产总值比例	x_3
	宏观经济政策	货币供应量	广义货币供应量增长率	x_4
		信贷规模	金融机构人民币贷款余额/GDP	x_5
		利率	银行间同业拆借率（7天）	x_6
	金融产业	金融产业在经济系统中的地位	金融业贡献率	x_7
输出层节点	金融产业	金融产业发展速度	银行业总资产增长率	y_1
		金融产业发展质量	商业银行不良贷款率	y_2

根据构建的指标体系，选取 1997 ~ 2016 年的 20 个年度数据进行研究。其中，银行间 7 天同业拆借率、银行业总资产和银行不良贷款率的数据来源于 Wind 数据库，银行间 7 天同业拆借率的年度数值通过当年所有的同业拆借交易量和平均利率加权平均获得；其余指标数据均来自《中国统计年鉴》或《中国金融年鉴》。

第五节　金融产业系统预测模型的建立与结果分析

本节首先采用 1997 ~ 2016 年的数据，利用自适应遗传算法优化 BP 神经网络模型和遗传算法优化 BP 神经网络模型对金融产业和新常态多目标之间的交互作用进行仿真，对比两种模型的仿真结果；其次，调控不同的多目标条件，对金融产业发展状况进行敏感度分析；最后，对 2017 ~ 2019 年金融产业发展速度和质量进行预测分析，揭示新常态多目标条件下金融产业系统的发展趋势。

一、ADGA - BP 神经网络模型和 GA - BP 神经网络模型仿真结果分析

样本数据划分为训练样本（80%）和测试样本（20%）（Qiu et al.，2016），训练样本用来决定模型的参数，测试样本用来对模型进行估计并进行误差对比。1997 ~ 2016 年 20 年的数据中，选取 1997 ~ 2012 年 16 年的数据作为训练样本，2013 ~ 2016 年的数据作为测试样本。

本章采用 MATLABR2014A 神经网络工具箱完成神经网络的运算。新常态多目标条件下金融产业系统的 ADGA - BP 神经网络模型由一个输入层、一个隐含层和一个输出层构成。网络的输入层为

新常态多目标与金融产业系统影响因素的 7 个指标，输出层为金融产业系统发展状况的 2 个指标，而隐含层设为一层（Chandwani et al.，2015），隐含神经元个数由自适应遗传算法得到（师彪等，2010）。根据经验，BP 神经网络训练中，设定网络训练目标为 0.001%，学习率为 0.05；在遗传算法优化神经网络初始权值的过程中，种群数量为 100 个，遗传迭代次数为 300 次，交叉概率的值为 0.7，变异概率为 0.05；自适应参数中，变异概率的上、下限为 0.25 和 0.05，交叉概率上、下限为 0.8 和 0.5（张炜等，2015）。

分别采用 ADGA－BP 神经网络和 GA－BP 神经网络对金融产业系统发展趋势进行仿真，训练结束后，利用训练好的网络对测试样本进行仿真预测。表 6－2、表 6－3、图 6－4 和图 6－5 给出了 2013～2016 年测试样本的仿真结果。

表 6－2　测试样本的仿真结果及误差值　单位：%

分类	年份	实际值	ADGA－BP 神经网络模型			GA－BP 神经网络模型		
			仿真值	绝对误差	相对误差	仿真值	绝对误差	相对误差
银行业总资产变化率	2013	13.270	13.339	0.069	0.518	13.156	－0.114	－0.863
	2014	13.862	13.985	0.123	0.890	14.026	0.164	1.186
	2015	15.667	15.510	－0.157	－1.001	15.857	0.189	1.210
	2016	16.514	16.364	－0.150	－0.909	15.524	－0.990	－5.996
商业银行不良贷款率	2013	1.000	0.962	－0.038	－3.770	1.025	0.025	2.519
	2014	1.250	1.248	－0.002	－0.181	1.200	－0.050	－4.031
	2015	1.670	1.678	0.008	0.490	1.695	0.025	1.480
	2016	1.750	1.716	－0.034	－1.925	1.724	－0.026	－1.498

表 6-3　　测试样本的仿真结果误差分析　　单位：%

方法	分类	均方误差	平均相对误差	最大相对误差
ADGA - BP 神经网络模型	银行业总资产变化率	0.129	0.830	1.001
	商业银行不良贷款率	0.026	1.592	3.770
	总计	0.093	1.213	3.770
GA - BP 神经网络模型	银行业总资产变化率	0.514	2.314	5.996
	商业银行不良贷款率	0.033	2.382	4.031
	总计	0.364	2.342	5.996

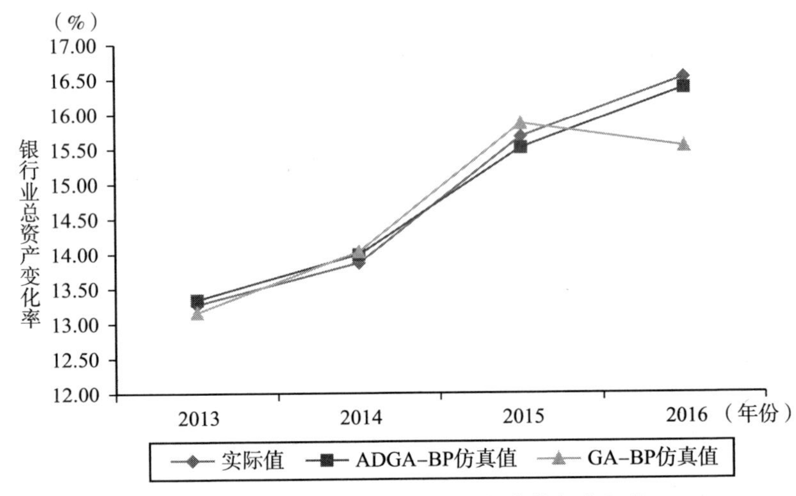

图 6-4　银行业总资产变化率仿真值与实际值

可以看出，ADGA - BP 神经网络模型对银行总资产变化率和商业银行不良贷款率的训练结果，仿真值与实际值之间的平均相对误差为 1.213%，最大相对误差为 3.77%；而 GA - BP 神经网络模型训练的平均相对误差为 2.342%，最大相对误差为 5.996%。可知，ADGA - BP 神经网络模型的仿真值与实际值接近，其仿真结果要优于 GA - BP 神经网络模型。

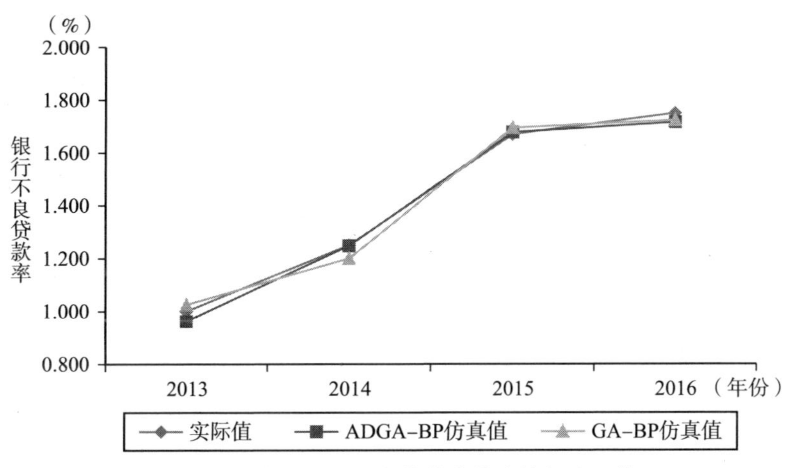

图 6 - 5　商业银行不良贷款率仿真值与实际值

并且 ADGA - BP 神经网络模型和 GA - BP 神经网络模型对银行总资产变化率仿真结果的平均相对误差分别为 0.83% 和 2.314%，均方误差分别为 0.129% 和 0.514%；而对商业银行不良贷款率的仿真的平均相对误差分别为 1.592% 和 2.382%，均方误差为 0.026% 和 0.033%。银行总资产变化率仿真的平均相对误差要优于银行不良贷款率，这是由于银行总资产变化幅度较小，仿真的精度较高；而商业银行不良贷款率的变化幅度较大，并且近十年来银行不良贷款率保持了较低水平，造成了仿真的平均相对误差较大，均方误差较小。

进一步说明 ADGA - BP 神经网络模型的优越性，对比 ADGA - BP 神经网络模型和 GA - BP 神经网络模型的训练时间、迭代次数和收敛精度，其中，收敛精度为模型优化得到的最优目标函数值，分析两个模型的仿真性能，结果如表 6 - 4 所示。

表 6－4　　两种模型的仿真性能对比

方法	训练时间（秒）	迭代次数（次）	收敛精度
ADGA－BP 神经网络模型	461.11	247	0.0011
GA－BP 神经网络模型	910.18	328	0.0316

可以看出，ADGA－BP 神经网络模型的训练时间、迭代次数和收敛精度都明显优于 GA－BP 神经网络模型，这说明 ADGA－BP 神经网络模型能提高 GA－BP 神经网络模型的训练速度和精度，对 GA－BP 神经网络模型进行自适应改进是可行的。

综上可知，ADGA－BP 神经网络模型具有更强的仿真能力，测试样本仿真的误差值较低，仿真的精度较高，运行时间较短。因此，本章认为 ADGA－BP 神经网络模型可以作为预测金融产业系统发展趋势的方法，将在此基础上对金融产业系统的发展趋势进行调控和预测。

二、ADGA－BP 神经网络模型的敏感度调控

为了进一步分析新常态目标对金融产业系统的影响，本章提出三种情景假设，对多目标条件变量进行敏感度调控，分别研究其对银行总资产变化率和商业银行不良贷款率的影响。

情景假设一：调控经济增长速度。经济新常态的主要标志和起点是经济增速从高速增长转为中高速增长，这是国家调控的主要政策取向，也是金融产业发展的主要外部因素，在经济下行压力增大时，金融产业如何发展？本章提出第一种情景假设，经济增长率下降 10%。

情景假设二：调控三产贡献率。随着经济增速的下行压力，产生了工业比重过高、服务业比重偏低等结构性失衡问题，经济资源配置格局面临重大调整。产业结构转型升级是解决这些问题的突破

口，而产业结构升级更集中于第一、第二产业比例下降、第三产业比例上升。新常态下，产业结构加速升级是新趋势，也是金融产业发展的重要影响因素（刘伟和蔡志伟，2015），因此，提出第二种情景假设，三产贡献率上升 10%。

情景假设三：调控 R&D 经费支出占国内生产总值的比例。经济转型升级需要创新驱动的支持，新常态条件下，我国不能仅依靠要素规模驱动、投资驱动来促进经济金融发展，而是要更多地依靠技术进步，让创新成为驱动发展的新引擎。研发作为技术进步的动力，增加研发经费的比例，可以调动创新的积极性、增加经济的活力（李杨和张晓晶，2015），据此提出第三种情景假设，R&D 经费支出占国内生产总值的比例上升 10%。

运用已经训练好的神经网络模型，以 2016 年的各项指标为初始值，在此基础上根据多目标条件，对调控变量进行敏感度控制，结果如表 6 -5 所示，情景假设一：当 GDP 增长率下降 10%，其他变量不变，银行总资产增长率为 14.82%，商业银行不良贷款率为 1.64%。情景假设二：当三产贡献率上升 10% 时，银行总资产增长率为 14.42%，银行不良贷款率为 1.78%。情景假设三：当 R&D 经费支出占国内生产总值的比值上升 10%，银行总资产增长率为 15.97%，商业银行不良贷款率为 1.62%。

表 6 -5　　新常态目标对金融产业的敏感度调控

	GDP 增长率	三产贡献率	R&D 经费支出占国内生产总值的比例	银行业总资产增长率（%）	商业银行不良贷款率（%）
初始值	9.96%	51.91%	2.10%	16.51	1.75
情景假设一	减少 10%	不变	不变	14.82	1.64
情景假设二	不变	增加 10%	不变	14.42	1.78
情景假设三	不变	不变	增加 10%	15.97	1.62

当经济增长率下降时，银行总资产增长率下降，商业银行不良贷款率降低。经济出现下行压力时，实体经济的投融资需求会减少，而银行作为主要的间接融资渠道，为了防止受到实体经济风险的影响，会紧缩银根、压缩存贷款业务，信贷资产增长减速，造成银行总资产增速下降和盈利增长放缓。但同时银行的风险资产减少，银行不良贷款率下降，金融产业质量提升。

当三产贡献率提高时，银行总资产增长率下降，商业不良贷款率上升。金融产业发展依托实体经济，第二产业是实体经济的主要组成部分。当第三产业比重上升，第二产业的比重减少，会造成实体经济投融资需求的减少，银行资产增量减少，造成资产增长率下降。而银行不良贷款率上升说明第三产业比第二产业更容易产生不良资产和违约风险，造成银行不良贷款率的增加。

当 R&D 经费支出占国内生产总值的比重提高时，银行总资产增长率和商业银行不良贷款率都下降。技术研发作为驱动力时，增加对技术创新的投入，会减少对资本等要素的需求，降低对银行等融资渠道的依赖，银行的信贷资产减少，风险资产也会减少，银行资产增长率下降，同时资产质量上升。

通过上述三个情景假设的结果可知，随着新常态多目标的推进，GDP 增长放缓、三产贡献率提高、R&D 经费支出占国内生产总值的比例上升，都会带来银行总资产增长率不同程度的下降；而 GDP 增长放缓和 R&D 经费支出占国内生产总值的比例上升使得银行不良贷款率下降，但三产贡献率增长使不良贷款率提高。这说明经济增长从高速变为中高速增长、创新驱动的推进会带来金融发展速度放缓，而质量提高，经济结构优化会带来金融发展速度大幅降低，但是质量有所下降。总体来看，新常态下金融产业的增速将下降、金融产业的质量会提高，这符合我国新常态的预期。

调控变量对银行总资产增长率的敏感度由大到小分别为：三产贡献率、GDP 增长率、R&D 经费支出占国内生产总值比例。金融产业的发展速度受到经济结构优化的影响较大，受到创新驱动的影响较小，且都使其发展速度减缓。

而调控变量对商业银行不良贷款率的敏感度由大到小分别为：R&D 经费支出占国内生产总值比例、GDP 增长率、三产贡献率。这说明金融业的发展质量受到创新驱动的影响较大，促使发展质量的提高；受经济结构优化的影响较小，促使发展质量下降。

调控变量对银行总资产增长率和商业银行不良贷款率敏感性呈现相反的趋势，对总资产增长率影响较大时，对不良贷款率的影响较小，说明单一的新常态目标对金融产业发展速度和质量的影响不可兼得。因此，要实现金融产业发展速度和质量的统一，需要结合新常态多目标，不能只强调某一个新常态目标的发展。

在新常态下，金融产业进入了增长平稳期，金融产业积极调整金融结构，从改善融资结构、优化贷款投向、扩大金融机构盈利模式等多方面，推进金融产业改革，降低金融风险，提高金融资产质量。并且金融产业要主动适应新常态，调整对业务发展速度的心理预期，改变过去追求大规模、高速度的发展模式，改为保持适度发展、高质量发展的模式。

三、ADGA－BP 神经网络模型预测

随着新常态的推进，为了实现对 2017～2019 年的预测，本章将 1997～2016 年的实际数据作为节点数据，采用错位预测的方法，将 1997～2009 年的输入层节点数据和 2000～2012 年的输出层节点数据作为训练样本，将 2010～2013 年的输入节点数据和 2013～2016 年的输出节点数据作为测试样本（刘超等，2018），采用 ADGA－BP 神经网络模型进行训练，以 2014～2016 年的节点数据作为训练好的网络结构输入量对 2017～2019 年金融产业发展速度和质量进行预测。

输入 2014～2016 年的节点数据可得到 2017～2019 年银行业总资产增长率和商业银行不良贷款率的预测值，结果如表 6－6 所示。

表 6-6　2017～2019 年金融产业发展速度和质量的预测值　单位：%

年份	银行总资产增长率	商业银行不良贷款率
2017	14.90	1.57
2018	13.78	1.22
2019	9.51	0.93

根据 ADGA-BP 神经网络模型预测结果，2017～2019 年，我国银行业总资产增长率分别为 14.90%、13.78% 和 9.51%，商业银行不良贷款率为 1.57%、1.22% 和 0.93%。银行资产增长率逐渐下降，并且下降的幅度较快，说明银行业资产增长速度大规模放缓。这一方面是由于我国金融监管的加强，使得金融机构压缩资产规模，降低资金风险；另一方面是由于我国经济结构调整，供给侧改革的推进，经济增长水平出现了减缓，经济发展重心从虚拟经济向实体经济转移，造成银行业金融机构发展速度的回落。同时，商业银行的不良贷款率出现了稳步下降，说明银行业金融机构的资产质量企稳向好。随着金融风险防范意识的加强，金融机构风险管理水平上升，金融资产的质量改善，不良贷款生成放缓。

这说明在新常态下，金融业发展速度减缓和质量提高符合金融业的稳健经营和长期发展，也符合我国新常态下金融业的发展预期。

第六节　本章结论与建议

本章基于 ADGA-BP 神经网络模型，对新常态多目标条件下我国金融产业的发展速度和质量进行了仿真、调控和预测。与国内外文献相比，本章的创新性主要体现在研究内容的选取既考虑了金融产业系统的发展速度和质量，又实现了经济稳定增长、经济结构调整、创新驱动的目标；研究方法既能揭示金融产业系统非线性、多输入输出的复杂特征，又优化了神经网络模型的运算速度和精度，因此，本章的研究结果比其他文献更有现实意义，也更加准确。具体结论有以下三个方面。

第一，ADGA - BP 神经网络模型比 GA - BP 神经网络模型能更准确和高效地实现新常态多目标条件下金融业发展状况的仿真。通过对测试集数据仿真结果可知，ADGA - BP 神经网络模型仿真的平均相对误差为 1.213%，均方误差为 0.093%，训练时间为 461.11 秒，迭代次数为 247 次，收敛精度为 0.0011；而 GA - BP 神经网络模型仿真的平均相对误差为 2.342%，均方误差为 0.364%，训练时间为 910.18 秒，迭代次数为 328 次，收敛精度为 0.0316。可知，ADGA - BP 神经网络模型在仿真误差、运算时间、收敛精度等方面都优于 GA - BP 神经网络模型，采用 ADGA - BP 神经网络模型对新常态下金融产业系统的仿真预测是可行的，这也为金融时序数据预测提供了一种科学、有效的方法。

第二，对新常态目标进行敏感性调控，总体来看，随着新常态目标的推进，金融业的增速将下降，但金融业的质量会提高，这符合我国新常态的预期。就具体目标而言，三产贡献率上升使得银行总资产增速急速下降，使银行不良贷款率略微上涨；R&D 经费支出占国内生产总值比例上升使银行总资产增长率缓慢下降，而让银行不良贷款率减少最多；GDP 增长率放缓对两者的影响居中。这说明新常态多目标条件对金融业发展速度和质量的影响趋势相反，因此，实现金融业发展速度和质量的统一，不能只强调经济结构优化、经济中高速增长等某一个目标的推进，要兼顾新常态多目标。

第三，对 2017 ~ 2019 年的金融业发展速度和质量进行预测，可知 2017 ~ 2019 年间银行总资产增长率分别为 14.90%、13.78% 和 9.51%，而商业银行不良贷款率分别为 1.57%、1.22% 和 0.93%。银行总资产增速呈现出快速下降态势，而不良贷款率稳步减少。金融业发展速度将减缓，但是金融资产的质量将逐步提高，这也再次说明在新常态下，金融业增速下降、质量提高将成为常态。

金融产业要适应经济新常态，积极调整金融结构，降低金融风险，改变过去追求大规模、高速度的发展模式，将发展的重点放到保持适度增长、提高金融资产质量上。政府和央行可以根据新常态下金融业发展的趋势，对金融业进行有针对性的调控，以保障金融业的稳健发展和金融资产质量的不断提高。

第七章

建议与展望

第一节 政策建议

本书对金融产业系统的历史进程、复杂性特征、协同评价和发展趋势预测进行研究，通过金融产业系统发展的历史、现状和未来的研究，旨在更好地揭示金融产业系统运营状况，为金融产业系统优化发展的政策建议提供依据。结合实证研究的结果，从以下四个方面提出金融产业系统优化发展的政策建议。

一、积极推进金融混业发展，推进金融控股公司模式，建立多元化的金融组织体系

对于中国的金融发展方向，可以关注美国的金融发展历程，推进金融控股公司的发展模式，这样既兼顾了现有的分业经营和分业监管的现状，又能从事多种金融业务。

我国金融业起步较晚，目前虽然是分业经营为主，但是已经具备了混业发展的环境。然而适应混业经营的金融监管体系尚未形成，所以德国这种全能银行体系不适合我国金融混业经营的发展，而美国的金融控股公司模式是在分业到混业的过程中产生的，在一

定程度上更适合中国目前的金融模式。首先，分业经营的金融机构原则上不能同时从事多种金融业务，但是对于存在资本控制关系的多家金融机构则没有明确的禁止条款。金融控股公司“集团混业”“子公司分业”的运行框架并不需要对现有体制进行大刀阔斧式的改革。其次，金融控股公司的这种经营框架实现了公司控股下的混业经营，并发挥不同金融机构的协同优势。这既适合我国目前分业经营、分业监管的水平，同时又为监管机构提高其分业监管水平、积累综合监管的经验提供了缓冲期。最后，金融控股公司在我国已经有了较好的发展基础，也有美国的经验可借鉴。我国推进金融控股公司模式的混业经营应该先进行内部整合，再进行跨行业并购，最终扩大经营规模。目前，我国金融控股公司开始进入规范发展阶段，中国中信、中国平安、中国光大等金融控股公司兴起并发展迅速，控股子公司的业务结构完备，有利于资源整合。

混业模式的推进并不代表要消除分业经营的存在，混业机构与专业化机构并存更有利于我国金融业的健康发展。因此，政府应当鼓励和支持中小银行及民营银行的发展，改善我国国有商业银行垄断地位的局面，促进整个银行业的竞争，搞活金融市场；由于银行业资产仍在整个金融行业占主要部分，应该积极发展证券业、保险业、信托业等各种非银行业金融机构；并且放宽金融机构的市场准入制度，满足多层次的金融需求，增加更多的融资渠道，鼓励小微金融、互联网金融的发展，建立多元化、多层次的金融组织体系。同时，在推进金融混业发展过程中应完善相关的金融法律法规，完善金融监管制度，提高抵御金融风险的能力。

二、积极推进银行业、证券业、保险业等金融机构改革，构建互补性、功能齐全的金融市场体系

在本书对金融产业评价和预测的研究中将金融产业分为银行、证券和保险三个子系统。我国的金融产业中银行、证券和保险的总

资产占据着金融资产的90%以上，是金融的主导行业。因此，需要推进银行、证券和保险的改革，优化三大行业的资源配置。

对于银行业，我国银行业资产占据着金融业资产的大部分。根据本书的研究可知银行业的资产负债比、存贷比和总资产收益率对银行业运营效率的影响最大，因此，银行应该在完善核心业务的基础上，扩张资产，增加业务收益、减少负债。经过十几年的股份制改革，我国国有银行在资产质量及数量、盈利能力和抵御风险的能力等方面都得到了充分提高，但是在公司经营效率、内部治理以及服务水平等各个方面都与现代银行有一定的差距，而且在互联网金融以及利率市场化的冲击下，国有商业银行更应当积极转变经营思路，不断创新金融产品和金融工具，开拓新的业务，保持在金融业中的竞争力。

对于证券业，我国的证券行业受股市影响，股票总市值和证券业总资产波动较大。近十年来，随着股权分制改革的逐步完成，中小版、创业板、科创板市场的创建，融资融券和股指期货的推进，沪港通和港沪通的启动以及一系列基础性制度的完善，中国证券业及资本市场得到了极大的发展，市场规模不断扩大，证券化率越来越高，行业结构不断优化。但根据本书的研究结果可知，证券业受到股票发行总股本的影响最大，可推测证券行业的主营业务收入还是集中在传统业务上，经纪业务收入占证券业务总收入比值仍较其他业务收入占比高，证券业务结构较单一、业务创新能力较差。所以，中国证券公司应该进行业务创新，拓展营业收入渠道，逐渐改变过度依赖证券经济业务来增加营业收入的现状。

保险业近年来发展势头尤为迅猛，总资产占金融业比例逐年上升，保费收入也是逐年增加。但中国保险业的财险业务一直存在业务创新能力差、险种结构单一等问题，财产险业务上的保费收入更多是集中在机动车辆保险、企业财产保险这两个比较传统的险种上。因此，保险业也应该积极地进行业务创新和金融工具创新，逐渐改变险种单一的现状。

三、优化融资结构，促进直接融资发展

中国是一个较为典型的银行主导型金融体系，银行业在长时间内还处于金融行业的主导地位。我国到目前为止仍是以银行贷款为主导的间接融资方式，间接融资交易成本相对较高，从长期看来不是最优的融资结构，不利于金融产业结构的优化。因此应加速金融脱媒，降低银行的金融中介地位，优化融资结构，使得资本在金融市场间流动更加通畅，提高金融资源配置的效率，使融资结构与我国经济结构相适应。

首先，要建立多层次资本市场体系，发挥多方力量共同促进直接融资发展。要进一步发展公募和私募、股票、债券和期货等市场，并鼓励各类金融机构发展直接融资业务，提高收入来源的多样性，还可以分散风险。其次，加强投资者保护，促进投融资良性互动。强化投资者保护的各项相关机制，保护投资者尤其是中小投资者的合法权益。可以借鉴美国、英国等国家的经验，进一步细化和优化投资者适当性制度。最后，探索互联网金融、P2P 等小微金融模式对直接融资的积极作用。小微金融模式信息快捷、高效的传播方式与发展的多元化与直接融资在本质上相契合，能有效地拓展小微企业直接融资渠道，有利于将储蓄转化为投资，切实降低小微企业融资成本，有利于打破金融体系由银行等传统金融机构垄断的局面。

四、推广普惠金融理念，推进科技金融发展

金融产业不仅受到各金融行业的影响，也受到外部经济环境的影响。作为影响金融产业的重要内生变量，新常态的目标条件能够直接或间接地影响国家的金融发展，而随着金融业的不断发展又会反过来影响新常态的作用效果。因此，在新常态背景下，

从我国的国情出发，更好地发挥政府的作用，保持金融体制改革正确的方向。

首先，应推广普惠性金融理念。发展普惠金融，从根本上解决中小企业融资难的问题，增加小微企业金融服务。鼓励民间资本发起设立与小微企业平等对接的地方性中小金融机构；完善对小微企业金融服务的差异化监管与考核政策，在财税政策方面给予适当的风险补偿和其他的政策性支持；进一步改进完善融资担保服务等多种金融机制，扩大金融服务供给的覆盖面。

其次，积极推进科技金融发展。科技和金融相互融合相互促进，金融为科技的研发、成果转化提供资金支持；而随着科技的发展，科技更加有机地融入金融行业，加强金融基础设施建设，提高金融业务的运作效率，在金融发展和竞争中发挥关键作用；并且政府可推行大数据金融，从投资者、企业和金融机构等多维度的大数据构建，提升金融业务管理，改善金融投资决策，降低风险。

最后，要发挥政府的作用，通过“有形之手”来发挥资源配置的作用。以市场机制为主导的金融并不是万能的，还需要政府的间接管理。发挥国家宏观调控部门对金融机构间接调节作用，“看得见的手”和“看不见的手”共同调节金融业，从多个方面调节金融资源的配置，提升金融对新常态的支撑作用。

第二节 未来研究展望

本书在研究的设计和数据收集处理中尽可能地遵循科学研究范式，但受到主客观因素的限制，本书的研究仍然存在一些不足，未来的研究可以在此基础上发展和突破。后续研究还可以考察以下三个问题。

（1）根据金融产业系统的特点，从不同的角度对金融产业的复杂性进行分析。本书初步采用耗散理论对金融产业系统的稳定性进行检验，采用混沌理论的相空间重构技术对其内在随机性、初值敏感性进行检验，采用分形 R/S 分析方法对其自相似性进行检验。结合更多更具体的复杂性科学方法对金融产业系统进行深入研究，揭示其不同的复杂性特征，是未来对金融产业进行认知的一个方向。

（2）对金融产业进行评价和预测时，考虑更多的影响因素，增加研究的准确性。由于本书研究的需要和选取数据维度的限制，本书进行协同评价时每个子系统只选用了 5 个变量，而在进行调控预测时仅考虑了新常态和宏观经济政策共 7 个变量，而金融产业受到众多因素的影响，因此，接下来可以引入更多的影响因素，更加全面地对金融产业的运营和发展进行分析和预测。

（3）对神经网络模型进行改进，提高模型仿真的精度和速度。本书采用自适应遗传算法对神经网络模型进行优化，但是平均相对误差结果在 1.213%，还有进一步提高模型训练性能的空间。因此，寻找改进神经网络模型的训练算法，提高模型的训练性能是今后研究的一个重点内容。

社会经济中没有独立变量，都是具有开放性、复杂性的系统。在金融产业的研究中，笔者认识到这种复杂性并深入研究下去，探索不同的复杂性科学的方法对金融领域研究的适用性。金融系统包罗万千，很多问题没有达成学术共识，值得去继续研究，复杂性科学的理论和方法在金融领域也不断有新的尝试。相信未来，越来越多的学者会重视金融系统的复杂性，随着复杂性科学的发展，复杂性金融理论也会不断发展完善，未来的研究重点是将更多更先进的复杂性科学方法运用到金融领域中，进一步丰富金融的研究范式，指导金融实践。

参考文献

[1] 白钦先．百年金融的历史变迁 [J]．国际金融研究，2003，2：59－63.

[2] 陈林心，何宜庆，王芸，贾伟强．金融集聚、经济发展与生态效率空间面板数据的SD仿真 [J]．系统工程，2017，35 (1)：23－31.

[3] 陈伟，杨早立，李金秋．区域知识产权管理系统协同及其演变的实证研究 [J]．科学学与科学技术管理，2016，37 (2)：30－31.

[4] 成思危．复杂科学与系统工程 [J]．管理科学学报，1999，2 (2)：1－7.

[5] 迟国泰，郑杏果，杨中原．基于主成分分析的国有商业银行竞争力评价研究 [J]．管理学报，2009，6 (2)：228－233.

[6] 范厚明，马梦知，温文华等．港城协同度与城市经济增长关系研究 [J]．中国软科学，2015 (9)：96－105.

[7] 冯·贝塔朗菲．一般系统论 [M]．北京：清华大学出版社，1987.

[8] 谷慎，岑磊．我国“一行三会”监管协同度的实证分析 [J]．中央财经大学学报，2014 (5)：33－40.

[9] 顾海峰，刘丹丹．中国信托公司风险运营效率评价体系及实证研究 [J]．当代经济科学，2015 (2)：27－37.

[10] 郭翠荣，刘亮．基于因子分析法的我国上市商业银行竞争力评价研究 [J]．管理世界，2012 (1)：176－177.

[11] 赫尔曼·哈肯．协同学：大自然构成的奥秘 [M]．上

海：上海人民出版社，2005.

［12］黄薇，洪俊杰，邹亚生．金融业效率分析研究与展望［J］．经济学动态，2013（4）：72－80.

［13］惠晓峰，胡运权，胡伟．基于遗传算法的 BP 神经网络在汇率预测中的应用研究［J］．数量经济技术经济研究，2002（2）：80－83.

［14］贾利军．金融产业发展影响因素的国际比较——基于非竞争投入产出法［J］．世界经济研究，2016（5）：18－30.

［15］雷宏．金融发展指数构建与中国金融市场化进程评价［J］．中北大学学报（社会科学版），2007（6）：28－32.

［16］雷婷婷，杨喜光，李毓倩．我国金融业可持续发展指标体系构建与评价［J］．统计与决策，2012（14）：72－73.

［17］李海东，王帅，刘阳．基于灰色关联理论和距离协同模型的区域协同发展评价方法及实证［J］．系统工程理论与实践，2014，34（7）：1749－1754.

［18］李建，卫平．金融发展与全要素生产率增长［J］．经济理论与经济管理，2015（8）：47－64.

［19］李健，贾玉革．金融结构的评价标准与分析指标研究［J］．金融研究，2005（4）：57－67.

［20］林毅夫，孙希芳，姜烨．经济发展中的最优金融结构理论初探［J］．经济研究，2009（8）：4－17.

［21］林宇，陈粘，陈宴祥．基于 HMM－EGARCH 的银行间同业拆放理论市场波动预测研究［J］．系统工程理论与实践，2015，35（10）：1－10.

［22］刘超，陈彦．协同理论视角下的金融监管［J］．财经科学，2013（11）：12－23.

［23］刘超．复杂性金融理论体系框架的构建与应用［J］．理论探讨，2018（3）：20－26.

［24］刘超，孟涛，刘丽．系统科学金融理论体系框架构建与

比较［J］. 财经理论与实践，2012，33（3）：2－8.

［25］刘超. 系统科学金融理论［M］. 北京：科学出版社，2013.

［26］刘志迎，谭敏. 纵向视角下中国技术转移系统演变的协同度研究［J］. 科学学研究，2012，30（4）：534－543.

［27］罗洪奔. 基于灰色－ARIMA 的金融时间序列智能混合预测研究［J］. 财经理论与实践，2014，188（35）：27－34.

［28］罗萨里奥·N. 曼特尼亚，尤金·斯坦利. 经济物理学导论：金融中的相关性与复杂性［M］. 北京：中国人民大学出版社，2006.

［29］罗勇，陈治亚. 基于改进遗传算法的物流配送路径优化［J］. 系统工程，2012，30（8）：118－122.

［30］米歇尔·沃尔德罗普. 复杂——诞生于秩序与混沌边缘的科学［M］. 北京：三联书店，1997.

［31］苗东升. 复杂性研究的现状与展望［J］. 系统辩证学学报，2001，9（4）：3－9.

［32］闵家胤. 关于“复杂性研究”和“复杂性科学”［J］. 哲学动态，2003（7）：10－11.

［33］欧阳红兵，刘晓东. 中国金融机构的系统重要性及系统性风险传染机制分析——基于复杂网络视角［J］. 中国管理科学，2015，23（10）：30－37.

［34］秦池江. 论金融产业与产业金融政策［J］. 经济研究参考，1996（49）：2－9.

［35］任宏，马先睿，刘华兵. 基于 GA－BP 神经网络的巨项目投入评价的改进研究［J］. 系统工程理论与实践，2015，35（6）：1474－1481.

［36］沈军，白钦先. 金融结构、金融功能与金融效率——一个基于系统科学的新视角［J］. 财贸经济，2006（1）：23－28.

［37］沈军. 金融效率的实证方法研究［J］. 统计与决策，2006（11）：138－139.

［38］ 师彪，李郁侠，于新花，闫旺．基于改进粒子群—模糊神经网络的短期电力符合预测［J］．系统工程理论与实践，2010，30（1）：157－166.

［39］ 宋学锋．复杂性、复杂系统与复杂性科学［J］．中国科学基金，2003（5）：262－269.

［40］ 孙国茂，范跃进．金融中心的本质、功能与路径选择［J］．管理世界，2013（11）：1－13.

［41］ 孙鹏，罗新星．区域现代物流服务业与制造业发展的协同度评价［J］．系统工程，2012，30（7）：112－116.

［42］ 孙蓉，王超．我国保险公司经营绩效综合评价［J］．保险研究，2013（1）：49－58

［43］ 孙伟祖，黄宁．金融产业政策与金融产业发展：历史、原理与现实［J］．上海金融，2007（11）：19－22.

［44］ 王成辉，江生忠．我国保险业竞争力诊断指标体系及其应用［J］．南开经济研究，2006（5）：116－131.

［45］ 王广谦．中国经济发展中的结构问题分析［J］．金融研究，2002，5：47－86.

［46］ 王宏起，徐玉莲．科技创新与科技金融协同度模型及其应用研究［J］．中国软科学，2012（6）：129－138.

［47］ 王毅．用金融存量指标对中国金融深化进程的衡量［J］．金融研究，2002（1）：82－92.

［48］ 温涛，冉光和，王煜宇．金融产业可持续发展运行机制研究［J］．金融理论与实践，2004（1）：18－21.

［49］ 肖斌卿，杨旸，李心丹，颜建晔．基于GA－ANN的中国金融安全预警系统设计及实证分析［J］．系统工程理论与实践，2015，35（8）：1928－1937.

［50］ 辛治运，顾明．基于最小二乘支持向量机的复杂金融时间序列预测［J］．清华大学学报，2008，48（7）：1147－1149.

［51］ 熊志斌．ARIMA融合神经网络的人民币汇率预测模型研

究［J］. 数量经济技术经济研究，2011（6）：64－76.

［52］许涤龙，沈春华. 金融系统复杂性问题研究述评［J］. 统计与信息论坛，2008，23（7）：80－85.

［53］杨善祥，姚俭，李江. 商业银行操作风险评价模型的研究［J］. 上海理工大学学报，2009，31（6）：577－580.

［54］应展宇. 中美金融市场结构比较：基于功能和演进的多维考察［J］. 国际金融研究，2010（9）：87－96.

［55］于志军，杨善林，章政，焦健. 基于误差校正的灰色神经网络股票收益率预测［J］. 中国管理科学，2015，23（12）：20－26.

［56］曾康霖. 金融经济学［M］. 成都：西南财经出版社，2002.

［57］战明华. 金融深化的指标体系及其关系［J］. 浙江大学学报，2002，32（5）：103－109.

［58］张成思，刘贯春. 经济增长进程中金融结构的边际效益演化分析［J］. 经济研究，2015（12）：84－99.

［59］张成思，朱越腾，芦哲. 对外开放对金融发展的抑制效应之谜［J］. 金融研究，2016（6）：16－30.

［60］张承惠. 新常态对中国金融体系的新挑战［J］. 金融研究，2015（2）：9－15.

［61］张芳洁. 影响我国保险业发展的经济因素的实证分析［J］. 数量经济技术经济研究，2004（3）：25－31.

［62］张凤超. 金融地域运动：研究视角的创新［J］. 经济地理，2003，3（5）：587－592.

［63］张鹤，黄琨，姚远. 我国商业银行 X－效率的实证研究与改革策略［J］. 经济学动态，2011（2）：67－70.

［64］张品一，刘超，高扬. 基于协同论的金融产业系统运营状态评价研究［J］. 管理学报，2016，13（9）：1321－1329.

［65］张启富. 我国金融强省评价指标体系构建及应用［J］.

企业经济，2012（11）：157－159.

［66］张群，张卫国，马勇．中国金融市场系统复杂性的演化机理与管理研究［J］．管理科学学报，2017，20（1）：75－86.

［67］张维，武自强，张永杰等．基于复杂金融系统视角的计算实验金融：进展与展望［J］．管理科学学报，2013（6）：85－94.

［68］张伟，郭金龙，张许颖．中国保险业发展的影响因素及地区差异分析［J］．数量经济技术经济研究，2005，22（7）：108－117.

［69］张炜，范年柏，汪文佳．基于自适应遗传算法的股票预测模型研究［J］．计算机工程与应用，2015，51（4）：254－259.

［70］张旭，潘群．金融发展指标体系及其在实证分析中的应用［J］．山西财经大学学报，2002，24（1）：66－69.

［71］张学涛，刘喜华，李敏．我国证券公司生产效率及效率持续性评价研究［J］．华东经济管理，2011，25（12）：66－71.

［72］赵永乐，王均坦．商业银行效率、影响因素及其能力模型的解释结果［J］．金融研究，2008（3）：58－69.

［73］钟铭，吴艳云，栾维新．港口物流与城市经济协同度模型［J］．大连海事大学学报，2011，37（1）：80－82.

［74］钟永红，曹丹蕊．中国上市银行流动性风险综合评价［J］．金融论坛，2013（1）：15－19.

［75］周博，严洪森．基于小波和多维泰勒网动力学模型的金融时间序列预测［J］．系统工程理论与实践，2013，33（10）：2654－2663.

［76］周逢民，张会元，周海等．基于两阶段关联 DEA 模型的我国商业银行效率评价［J］．金融研究，2010（11）：169－179.

［77］周国富，胡慧敏．金融效率评价指标体系研究［J］．金融理论与实践，2007（8）：15－18.

［78］周学军．基于移动互联网的绩效评价体系协同效应研究［J］．管理世界，2015（3）：182－183.

[79] 祝佳. 创新驱动与金融支持的区域协同发展研究 [J]. 中国软科学，2015 (9)：106 - 116.

[80] Anastasia N., Innovations. Fragility and Complexity: Understanding the Power of Finance [J]. Government and Opposition, 2014, 49 (3): 542 - 568.

[81] Angelopoulou E., Balfoussia H., Gibson H. D.. Building a Financial Conditions Index for the Euro Area and Selected Euro Area Countries: What does It Tell Us about the Crisis? [J]. Economic Modelling, 2014 (38): 392 - 403.

[82] Arkadiy V. P., Anna A. S., Kseniya S. B.. Synergetic Effect of Merger and Acquisition of Industrial Organizations [J]. World Applied Sciences Journal, 2013, 24 (12): 1701 - 1706.

[83] Baltagi B. H., Demetriades P. O., Law S. H.. Financial Development and Openness: Evidence from Panel Data [J]. Journal of Development Economics, 2009, 89 (2): 285 - 296.

[84] Barth J., Caprio G., Levine R.. Bank Regulation and Supervision: What Works Best [J]. Journal of Financial Intermediation, 2011, 13 (2): 205 - 248.

[85] Battiston S., Farmer J. D., Flache A., Garlaschelli D., Haldane A. G., Heesterbeek H., Hommes C., Jaeger. Complexity Theory and Financial Regulation [J]. Science, 2016, 6275 (351): 818 - 890.

[86] Bergendahl G., Lindblom T.. Evaluating the Performance of Swedish Savings Banks According to Service Efficiency [J]. European Journal of Operational Research, 2008 (185): 1663 - 1673.

[87] Bonanno G., Lilloa F., Mantegna R. N.. Levels of Complexity in Financial Markets [J]. Physica A, 2001 (299): 16 - 27.

[88] Bremus F. M., Lambert C.. Banking Union and Bank Regulation: Banking Sector Stability in Europe [J]. DIW Economic Bulle-

tin, 2014, 4 (9): 29 -39.

[89] Caballero R. J. , Simsek A. . Complexity and Financial Panics [R]. NBER Working Paper, 2009.

[90] Chandwani V. , Agrawal V. , Nagar R. . Modeling Slump of Ready Mix Concrete Using Genetic Algorithms Assisted Training of Artificial Neural Networks [J]. Expert Systems with Applications, 2015, 42 (2): 885 -893.

[91] Chen Y. , Cai Y. Zheng L. L. . Efficiency of Chinese Real Estate Market Based on Complexity - Entropy Binary Caused Plane Method [J]. Complexity, 2020, 1: 1 -15.

[92] Emili T. A. , Emili G. T. . Sensitivity Analysis of Efficiency and Malmquist Productivity Indices: An Application to Spanish Savings Banks [J]. European Journal of Operational Research, 2008 (184): 1062 -1084.

[93] Fu X. , Lin Y. , Molyneux P. . Bank Competition and Financial Stability in Asia Pacific [J]. Journal of Banking & Finance, 2014 (38): 64 -77.

[94] Goldsmith R. W. . Financial Structure and Development [M]. New Haven: Yale University Press, 1969.

[95] Goodhart C. A. E. . The Parlous State of Macroeconomics and the Optimal Financial Structure [J]. International Review of Financial Analysis, 2014 (36): 78 -83.

[96] Goyal A. , Arora S. . The Indian Exchange Rate and Central Bank Action: An EGARCH Analysis [J]. Journal of Asian Economics, 2012, 23 (1): 60 -72.

[97] Gurley J. Q. , Shaw E. S. , Enthoven A. C. . Money in a Theory of Finance [M]. Oxford: Brookings Institution, 1960: 429 -466.

[98] Hellman T. , Murdock K. , Stiglitz J. . Financial Restraint:

Towards a New Paradigm [M]. Oxford: Clarendon Press, 1997.

[99] Kim D. H., Lin S. C., Suen Y. B.. Dynamic Effects of Trade Openness on Financial Development [J]. Economic Modelling, 2010 (27): 254 – 261.

[100] King R., Levine R.. Finance and Growth: Schumpeter Might be Right [J]. The Quarterly Journal of Economics, 1993 (3): 681 – 737.

[101] Koop G., Korobilis D.. A New Index of Financial Conditions [J]. European Economic Review, 2014 (71): 101 – 116.

[102] Laeven L.. Does Financial Liberalization Relax Financing Constraints on Firms? [R]. The World Bank Policy Research Working Paper, 2000.

[103] Levine R.. Law, Finance and Economic Growth [J]. Journal of Financial Inter mediation, 1999, 8 (1): 8 – 35.

[104] Martin M., Anca M. P.. Institutional Structures of Financial Sector Supervision, Their Drivers and Historical Benchmarks [J]. Journal of Financial Stability, 2013 (9): 428 – 444.

[105] Mayorova T.. Synergetic Approach to a Modern Paradigm Developing of the Investment Process Financial and Credit Mechanism Activating [J]. Economic Annals, 2014, 4 (3): 66 – 69.

[106] Mckinnon R.. Money and Capital in Economic Development [M]. Oxford: Bookings Institute, 1973: 158 – 161.

[107] Mehrez A.. The Interface between OR/MS and Decision Theory [J]. European Journal of Operational Research, 1997, 99 (1): 38 – 57.

[108] Mishkin F. S.. Globalization and Financial Development [J]. Journal of Development Economics, 2009 (89): 164 – 169.

[109] Park K. S., Kim S. H.. Tools for Interactive Multi-attribute Decision Making with Incompletely Identified Information [J]. European

Journal of Operational Research, 1997, 98 (1): 111 –123.

[110] Qiu M. Y., Song Y., Akagi F.. Application of Artificial Neural Network for the Prediction of Stock Market Returns: The Case of the Japanese Stock Market [J]. Chaos Solitons and Fractals, 2016, 85: 1 –7.

[111] Rather A. M., Agarwal A., Sastry V.. Recurrent Neural Network and a Hybrid Model for Prediction of Stock Returns [J]. Expert Systems with Applications, 2015, 42: 3234 –3241.

[112] Shaw E. S.. Financial Deepening in Economic Development [M]. Oxford: Oxford University Press, 1973.

[113] Svirydzenka K.. Introducing a New Broad-based Index of Financial Developmen [R]. IMF working paper, 2016, 5.

[114] Taymaskhanov H. E., Tsakaev A. K., Musaev L. A.. Diagnostics of Effective Risk Management Strategies on the Basis of Synergetic Effect Evaluation [J]. Review of European Studies, 2014, 6 (4): 82 –90.

[115] Wang J., Zhang Z., Guo S.. Forecasting Stock Indices with Back Propagation Neural Network [J]. Expert Systems with Applications, 2011, 38 (11): 14346 –14355.

[116] Yu F., Xu X. Z.. A Short-term Load Forecasting Model of Natural Gas Based on Optimized Genetic Algorithm and Improved BP Neural Network [J]. Applied Energy, 2014 (134): 102 –113.